U0142728

圖解系列

圖解

五南圖書出版公司 印行

結構方程模式分析

陳耀茂 ／ 編著

閱讀文字

理解內容

觀看圖表

圖解讓
結構方程
模式分析
更簡單

序言

　　本書是理解結構方程模式分析（Analysis of Covariance Structures），並將它視為工具加以應用的圖解入門書，因為是以共變異數為核心概念，也有將它稱為共變異數構造分析。

　　結構方程模式分析是在心理統計學得領域中誕生。將心理學所探討的模糊不清的事實加以定量化，作為解明其構造的手段所發展而成。

　　可是，它並不僅止於心理學，統計學也可加以利用。並且，以探討潛藏資料內部構造的手法來說，除了以統計學為對象的領域之外，也廣受其他領域的注目。

　　譬如，現在可以說是 IT（資訊科技）社會。可是，「即使說是社會的 IT 程度」也仍缺乏可直接測量它的手段。因此，目前為了了解 IT 社會的構造，除了搜集各種資料加以綜合再推測社會的 IT 程度之外，別無其他方法。可是，將此種茫然不清的概念數值化，結構方程模式分析是有幫助的。

　　另外，當思考變化時，經常使用「東方的」、「西方的」的用語。可是，像「這是東方的」或是「那是西方的」等並無法直接具體明示。以概念來說，即使可以理解，將它分析也是煩人的事情。可是，結構方程模式分析可提供具體的方法。並且，將概念性的看法甚至是「東方的」、「西方的」關係，也可以具體地給予數值化。

　　再考慮公司內部的人事。當考量員工的評價時，經常產生「企劃力」或「指導力」等概念。這些也與先前的例子一樣，均是抽象的概念。並且，也無直接可以明示「這是企劃力」或「這是指導力」的資料或數據。因此，上司就以經驗的方式來評價員工。可是，利用結構方程模式分析時，即可從具體的資料分析出「企劃力」或「指導力」等。而且，這些力量是如何地錯綜交織，甚至它的關係也可為我們解明。

　　從以上的例子似乎可以知道，結構方程模式分析被視為「新世代的多變量分析」即為此緣故。對以往的統計學處理不了的資料提供了有效的措施，因而可使它的構造變得明確。

　　但是，不管多麼出色的手段，它的分析處理如果麻煩是沒有多大幫助的。只是提供一部分數學狂熱人士使用而已。可是，結構方程模式分析卻剛好相反。使用路徑圖此種直覺式的工具，資料中潛藏的構造就變得簡單明確。另外，利用電腦與軟體，也可以照原來那樣輸出路徑圖。聽到有人說「結構方程模式分析比以往的統計學更為簡單」，其理由即在於此。

　　探討如此出色的結構方程模式分析的書籍有很多。可是，大部分的書籍都把重點放在理論的解說，或只是 Amos 等軟體之操作上。因之，許多統計學的利用者，覺得好像結構方程模式分析的體系與用法不能相互配合，而有隔鞋抓癢的感覺。

　　誠如一開始所敘述的那樣，本書是以圖解的方式解說結構方程模式分析的一本入門書。因之，僅可能以「容易理解」為原則。可是，在「容易理解」之中也包含有結構方程模式分析的體系。如此一來，相信就不會不合理地處理實際的資料。

　　探討機械時，某種程度地知道它的體系是有需要的。如若不然，無法解決萬一發生的事故。統計學也是如此。如果不知道它的體系，那麼有可能犯下想像不到的錯誤。

　　利用本書開拓結構方程模式分析之世界的同時，也希望可當作讀者工作的工具，自由自在地使用結構方程模式分析探討多彩多姿的世界。

　　有提供本書相關數據檔，可於五南圖書官網下載。

　　最後，期盼學習愉快，請不要中途作罷，務必一窺本書的全貌。

謹誌於東海大學

陳耀茂

第 3 章　結構方程模式分析的體驗

第 4 章　結構方程模式分析的體系

第 5 章 結構方程模式分析的類型

第 6 章　結構方程模式分析的應用

附錄

第1章
淺談結構方程模式

1-1 何謂因果關係(1)

■兩個現象是否有共同的原因？

觀察社會現象時，有不少在兩個不同現象之間被認爲有某種關連性的情形。

譬如，陸上競技比賽的選手，美國的卡爾‧路易士選手是世界 100m 記錄的保持人，同時也在跳遠上有了不起的記錄。同樣，撐桿跳的世界記錄保持者（1992 年 5月時），即舊蘇聯（CIS）時代的賽爾葛‧布布卡選手在短距離賽跑方面也具有優越的能力，也被視爲是他拿手的項目。

這些都是傑出選手的例子，如收集許多選手在陸上競賽的記錄時，愈是跑得快的人在跳躍項目的競賽中也會留下良好的成績，可以看出有此種傾向，在陸上競賽方面，「跑得快」與「有彈力」的背後，可以想到腳力（腳的肌肉力量）是共同的原因。腳力愈強就跑得愈快，也愈有彈力。相反的，腳力弱的人，可以說不擅長此兩方面的競賽。

將 100m 賽跑與跳遠的關係以模式表現時，即爲圖 1-1。

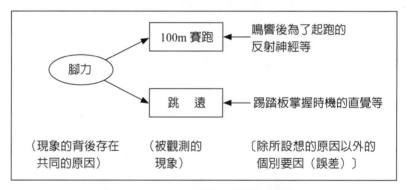

圖 1-1　100m 賽跑與跳遠的關係

此圖稱爲「路徑圖（path diagram）」，是進行因果關係分析的一個基本模型。

爲了分析因果關係，必須將現象換成數值。對現象設定數值者稱爲「變數」，上圖中表示有「100m 賽跑（A 的記錄）」和「鳴響後起跑的反射神經」等變數。

路徑圖是將各種的變數關係表現成模式者，其中出現了功能不同的數種變數。

第一個是對被觀測的現象設定數值的變數，以長方形圍起來者。此處，「100m 賽跑」與「跳遠」的記錄即相當於此。

第二是潛藏於現象的背後，在所關心的二個現象中成爲共同原因的變數。在路徑圖中是以橢圓圍起來的部分，換言之，「腳力」相當於此，它是解明因果關係的關鍵。

　　第三是無法以共同原因之變數來說明而表現個別事情的變數，在路徑圖中什麼也沒圍著的部分。此處只以「腳力」說明不了「100m 賽跑」與「跳遠」的實力，因之分別引進了「反射神經」和「掌握時機的直覺」之類的變數。

　　譬如，就反射神經來說，具體而言「從開始的信號到實際起跑的時間」是長或是短呢？此種方式會影響 100m 賽跑的記錄。此變數是不易見到現象之間的因果關係之變數，換言之，可以想成是「誤差」的變數。

　　再想想另一個表示相互關連的現象例。

　　經常有人說數學愈好的人，物理也會很好。在思考「數學」與「物理」非常拿手的二個現象之間的關係時，在它們的背後設想「數理的能力」似乎並無不自然之處。反而，設想此種共同的原因更能說明二個科目的拿手與否的關連性。

　　換言之，某位學生在「數理的能力」方面出眾，所以數學與物理均很拿手。另一方面，另一位學生在「數理的能力」方面並不出眾，所以數學與物理均不拿手。

　　在本例中，可以觀測的「數學」與「物理」的成績是以「長方形」圍起來的變數，共同原因的「數理的能力」是以「橢圓形」圍起來。

　　不管數學或物理也好，因為並非只由此「數理的能力」所能決定，也有利用各個科目獨自的要因亦即「誤差變數」來說明的部分。

　　此種「潛在共同的原因」之想法，對於所關心的對象只是二個變數時，也許無法感受到有什麼可貴。

　　可是，如讓共同的原因再發展時，譬如像數學、物理與化學的成績，隨著考察對象的個數增加，可以更有效率地說明整個複雜現象的情形也是有很多的。

　　「那個人的數學、物理、化學都很行」取而代之的說成「那個人數理方面的科目都很行」時，以說明現象的方法來說雖然籠統，卻是很容易理解的表現。

　　日常生活中所使用的「文科系」、「理科系」的表現，正是在表示有類似傾向的複數現象的背後，基於設想共同的原因之想法，所進行的有效率的良好表現。

　　像這樣，所引進的「共同原因」即相當於「構成概念」。

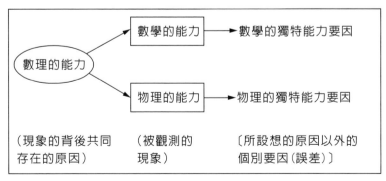

圖 1-2　構成概念

1-2 何謂因果關係(2)

■一方是原因，另一方是它的結果

然而，在不同的變數之間所見到的關聯，並不只是有共同的原因而已。它是在表示有關聯的二個變數之間，可以設想原因與結果之關係。

譬如，父母的身高如果高的話，孩子的身高也會很高，此種傾向可從經驗中得知。翻閱統計學的歷史時，「身高較高的父母親，孩子的身高也高；身高較低的父母親，孩子的身高也低」的關係，由受到達爾文進化論影響的英國人哥爾德從調查 977 位名人的家世的結果後得此結論。本例，在二個變數之間所見到的關聯此點與前面所列舉的例子是相同的。

可是，就雙親與孩子的身高此二個變數來說，可以設想有「一方是原因，另一方是從該原因所導出的結果」的此種關係。如依據先前的例子描畫路徑圖時，即可如圖 1-3 表現。

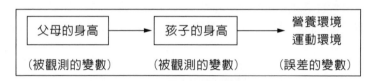

圖 1-3　變數之間的關係 (1)

與「共同原因」之想法的不同處，是在於一方的變數在時間上是比另一方的變數先行此點。

身高的變數某種程度是受遺傳所規定的，在時間上先行的所謂父母親的身高變數，可以想成是在時間上居後的孩子身高變數的一部分原因。

另外，也可從棒球隊的實力之中，某一部分是由投手戰力決定的例子來想看看。

棒球隊的投手戰力好壞是受訓練營的訓練所決定，該年球隊的總合實力有一部分可以想成是受投手戰力的強弱所決定。

實際上，某球隊的投手戰力是以該年的團隊防禦率的方式來評價，團隊的強弱是以該年獲勝率的方式來評價。因之，不像父母親與孩子身高在時間上的前後關係那麼清楚。可是，認為有投手戰力在先，因之團隊的實力才可決定，比認為團隊有實力然後投手戰力才強更為合理。

像這樣，可以設想時間上的前後關係或意義上的前後關係，而且有時在表示某種關聯的二個變數之間，可以設想一方是原因並規定另一方的此種因果關係。

在統計學中處理因果關係時，大略區分可說是使用目前所說明的二種類型的想法。

換言之，即為「在二個現象的背後，可以設想共同原因的潛在性變數」或者「在二個現象之間，以一方是原因並規定另一方之方式來認可因果關係」。

圖 1-4 變數之間的關係 (2)

知識補充站

蘋果創辦人史蒂芬・賈伯斯在史丹佛大學演講系列之一：
人生的點點滴滴如何串在一塊

我在里德學院念了六個月就辦休學了。退學前，一共休學十八個月。我為什麼休學？

故事要從我出生前談起。我的親生母親是大學研究生，年輕的未婚媽媽，她打算讓別人收養我，更相信應該讓擁有大學學歷的夫婦收養我。我出生時，她就準備由一對律師夫婦收養我。但這對夫妻最後一刻反悔了，他們想要女孩。所以在等待收養名單上的一對夫妻，在半夜裡接到一通電話，問他們：「有一個意外出生的男孩，你們要認養他嗎？」他們說：「當然。」

後來我的生母發現，我現在的媽媽從來沒有大學畢業，我現在的爸爸則連高中畢業也沒有，她拒絕在認養文件上簽名同意。直到幾個月後，我的養父母同意將來一定讓我上大學，她才軟化態度。

十七年後，我真的上大學了。但我無知地選一所學費幾乎跟史丹佛一樣貴的學校。

我的藍領階級父母，把所有的存款都花在我的學費。六個月後，我看不出念大學的價值到底在哪裡。那時候，我不知道這輩子要幹什麼，也不知道念大學能對我有什麼幫助，而且我為了讀大學，花光父母畢生的積蓄，我決定休學，相信船到橋頭自然直。

在那時候，這是個讓人害怕的決定；但現在來看，卻是我這輩子下過最好的決定之一。休學後，再也不上無趣的必修課，直接聽我愛的課。只是這一點兒也不浪漫。我沒有宿舍，我得睡在朋友家的地板，靠回收可樂瓶罐的五先令填飽肚子，到了星期天晚上走七哩遠的路，繞去印度教的 Hare Krishna 神廟吃頓大餐。但那時我追尋的興趣，現在看來都成了無價之寶。

譬如說，里德學院擁有幾乎是全國最好的英文書法課程（caligraphy instruction）。校園裡的海報、教室抽屜的標籤，都是美麗的手寫字。我休學去學書法了，學了 serif 與 san serif 字體，學會在不同字母的組合間變更字間距，學到活版印刷偉大的地方。書法的歷史與藝術，是科學文明無法取代的，令我深深著迷。

我從沒想過這些字，會在將來影響我的人生。但十年以後，當我設計第一台麥金塔電腦，腦袋浮想當時所學的東西，把這些字體都放進了麥金塔裡，這是第一台能印出漂亮字體的電腦。如果我沒愛上書法課，麥金塔就不會有這麼多變化的字體。

後來 Windows（視窗作業系統）抄襲了麥金塔，如果當年我沒這樣做，大概世界上的電腦都不會有這些東西，印不出我們現在看到的美麗字體？當然，當年還在學寫字時，是不可能把這些點點滴滴先串在一起，但是十年後回顧，一切就自然、清楚地發生了。

我得強調，你不能先把這些人生點滴兜在一塊；惟有將來回顧時，你才會明白這些點點滴滴是怎麼串聯的。你得要相信現在體會的一切，未來多少會連在一塊。你得信任某個東西，直覺、命運，或是因果也好。這種作法從來沒讓我失望，更豐富了我的生命。

1-3 探討二個變數的關係：利用散布圖的視覺性探討(1)

■蒐集數據

社會上的現象相互複雜交織，故有不少只列舉二個變數檢討其關係仍然不夠的情形。

譬如，決定棒球隊的實力，不只是投手，而且是綜合打擊、守備、跑動能力等。並且，隊員雖然並未改變，但因教練的更換，球隊的成績從上年度起即顯著改變的例子也有，教練的手腕可以認為也是重要的要因。

此處介紹日本從 1976 年起 15 年間的棒球中央聯盟的六個球隊的成績資料。

表 1-1 多變量數據的例子（1976～1990 年為止日本各球隊在中央聯盟的成績）

年度	順位	球隊	獲勝率	打擊率	防守率	本壘打
1976	1	巨	0.628	0.280	3.58	167
1976	2	神	0.615	0.258	3.54	193
1976	3	廣	0.513	0.270	4.02	169
1976	4	中	0.450	0.266	4.50	138
1976	5	養	0.433	0.260	3.88	128
1976	6	洋	0.366	0.256	4.45	172
⋮	⋮	⋮	⋮	⋮	⋮	⋮
1990	1	巨	0.677	0.267	2.83	134
1990	2	廣	0.508	0.267	3.57	137.88
1990	3	洋	0.492	0.266	3.94	87.97
1990	4	中	0.477	0.264	4.26	160.76
1990	5	養	0.446	0.257	4.24	123
1990	6	神	0.400	0.252	4.58	135

註：1990 年比賽數未統一為 130 場比賽的情形也有，因之全壘打數是表示已換算成 130 場比賽的結果。
　　巨＝巨人　洋＝大洋　中＝中日
　　神＝阪神　廣＝廣島　養＝養樂多
出處：「1991 Baseball、Record、Book」棒球雜誌出版社（1990 年）

如表中所示，將複數個變數的測量值排列成長方形的形狀者視為「多變量數據」。縱向排列著觀測對象（球隊），橫向排列著有關觀對象的複數個變數（年度、順位、球隊名稱之外，獲勝率、打擊率、防禦率、全壘打）的測量值。

所謂球隊防禦率，簡單的說是表示投手陣容在一場比賽中平均有多少失分的指標。此值愈大的球隊意指投手陣容愈差。球隊打擊率即為（球隊的安打數）÷（球隊的打擊數），是有關打擊戰力的指標。獲勝率是利用獲勝數 ÷（獲勝數 + 失敗數）來計算，這可以想成是球隊實力的指標。

知識補充站

蘋果創辦人史蒂芬‧賈伯斯在史丹佛大學演講系列之二：愛與失去

我很幸運，年輕時就知道自己愛做什麼。二十歲時，我跟沃茲一起在我家的車庫開創了蘋果電腦。我們拚了老命工作，蘋果十年內從一間車庫、兩個年輕小夥子，擴展為一家員工超過四千人、二十億美元營業額的公司。在此前一年，我們推出了最棒的作品——麥金塔，而就在我正要踏入人生的第三十個年頭，結果是我被開除了。

自己創辦的公司，怎麼會開除自己？好吧，當蘋果電腦日益擴大，我聘請一位在經營上頗有才華的傢伙，他在頭幾年確實也幹得不錯。但我們對願景有很不同的想法，鬧到分道揚鑣；董事會站在他那邊，炒了我魷魚，還公開把我請出公司。我整個生活重心的東西頓時消失了，完全不知所措。

在這幾個月裡，我實在不知該如何是好，更覺得令企業界前輩失望了：他們傳給我的接力棒，掉了。我找了創辦 HP 的派克（David Packard）、創辦英特爾的諾宜斯（Bob Noyce），跟他們說我把事情搞砸了，甚至想離開矽谷。但我的想法逐漸變了，我發現我仍然愛著曾做過的事業，在蘋果的日子一點兒也沒有改變我愛的事。即使人們否定我，可是我還是愛做那些事情，所以我決定從頭來過。

那時候我不知道，但現在回過頭看，蘋果開除我卻是我人生最好的經歷。從頭來過的輕鬆替代了成功的沉重，釋放了我，讓我自由自在進入這輩子最有創意的年代。

接著的五年，我創辦了 NeXT，又開了皮克斯，也墜入了情網。皮克斯製作世上第一部全電腦動畫電影《玩具總動員》，現在已是全球最成功的動畫公司。接著我的人生大轉彎，蘋果購併了 NeXT，我重回了蘋果，而 NeXT 發展的技術更成為反敗為勝的關鍵。同時間，我也有了幸福的家庭。

我敢打包票，蘋果沒開除我的話，這些事絕不會發生。這是帖苦藥，可是我需要這個苦。人生有時就像掉了塊磚頭砸到你，但不要失去信心。你得找到你的最愛，工作是如此，愛情也是如此。

1-4 探討二個變數的關係：利用散布圖的視覺性探討(2)

■將數據表現在散布圖上

如果蒐集了分析對象的數據時，首先以視覺的方法確認變數間有無關係來開始分析。在這方面使用「散布圖（scatter plot，也稱相關圖）」是非常方便的。

所謂散布圖是指將觀測對象配置在二元平面上的圖。亦即，橫軸（x 軸）取成某一方的變數，縱橫（y 軸）取成另一方的變數，在此種的座標平面上，依據各個變數的數值以黑點等的記號描畫各個觀測對象的座標，將二個變數之中的何者取成橫軸或取成縱軸，雖然描畫散布圖的人可以選擇，但依據變數的內容在某種程度上加以限定的情形也有。

特別是，某一方比另一方在時間上先行的變數，或者某一方是另一方的原因有此種關係時，在時間上先行的變數或成為原因的變數，取成橫軸則是一般的作法。

在圖 1-5 中的圖 (a)，是針對男性大學生 59 人調查父親的身高（x）與本人的身高（y）之後所畫出來的散布圖，圖 (b) 是從前面的棒球中央聯盟的數據畫出防禦率（x）與獲勝率（y）的散布圖。關於圖 (a)，父親的身高比本人的身高在時間上是先行的變數，所以將父親的身高取成橫軸比較好。由此圖可以看出父親的身高愈高，本人的身高也有愈高的傾向。

圖 (b)，是有投手戰力在先，球隊的強弱才得以決定，基於此種想法將防禦率取成橫軸。與圖 (a) 相反，可以看出防禦率愈低（失分率愈低），獲勝率即愈高的關係。

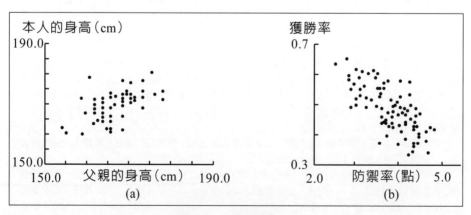

圖 1-5　散布圖 (1)

■由散布圖了解關係

　　散布圖的典型例有以下所示的四種圖。譬如，得出像圖 1-6(a) 的散布圖時，一般可以認爲二個變數之間看不出關係。

　　像防禦率與獲勝率的例子，在觀測對象的群體之中，隨著一方的變數的變化（變大或變小），另一方的變數也有變化的傾向時，稱爲「二個變數呈現共變動」或「二變數有共變關係」。此處散布圖 (b)、(c)、(d) 皆爲有共變關係的例子。

　　共變動的類型可以想到許許多多，隨著一方變數的值變大，另一方的變數一直變大（圖 (b)）或變小（圖 (c)）之關係稱爲「直線式的共變關係」或「相關關係」。此時，二個變數之間的關係愈強，散布圖就會收斂在細長的橢圓之中。另外，像圖 (d) 的關係稱爲「曲線式的共變關係」。

　　像這樣，前述所說明的因果關係的分析，首先是從考察二變數的共變動關係開始的。

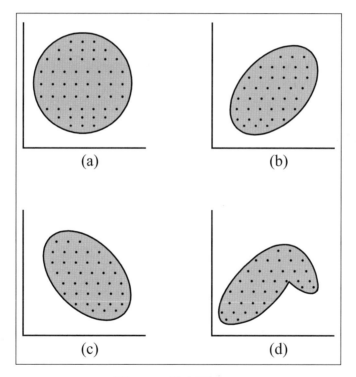

圖 1-6　散布圖 (2)

1-5 數值表徵的方法：共變異數與相關係數的引進(1)

■以數值表現共變動

使用散布圖確認二個變數之間的關係，由於直觀式容易了解，因之無法省略。

可是，為了調查因果關係經常只使用散布圖時，當變數的個數增多時，畫散布圖甚為費事。而且，只是觀察散布圖，分析無法向前邁進。

因此，試著考慮將一變數的分配或二變數的共變動的情形以一個數值來表現看看。像這樣，以數值表現分配的樣子稱為「數值表徵」。

表示二個變數的共變動的指標，有「共變異數」與「相關係數」。為了說明二個指標，需要有調查一變數的狀態之指標，因之首先就這些事項依序說明。

■為了調查一個變數的狀態所需之指標

為了以視覺的方式調查二個變數之間的關係曾使用過散布圖，但是為了調查一個變數的狀態，則要從描畫圖 1-7 的「直方圖」此種圖形開始。

此圖是假定同年級的 A 組與 B 組在相同考試下的成績。直方圖可以看成是 A 組與 B 組中得 5 分的學生分別有 2 人與 4 人那樣。

關於 A 組與 B 組之成績的二個變數，直方圖是表示何種程度的數值有多少人被觀測到的一種圖，利用直方圖所表示的此種變數的狀態稱為「變數的分配」。

雖然知道利用直方圖可以使變數的分配變得明確，但具體上如試著比較二組的成績時可以解讀出什麼呢？

首先，很明顯的 B 組的分配位於右側，整體來看 B 組看起來成績比較好。為了以數值確認此事，使用「平均值」此種指標。

所謂平均值是以觀測對象的個數除以觀察值的總和，亦即

$$平均值＝（觀測值的總和）÷（樣本數）$$

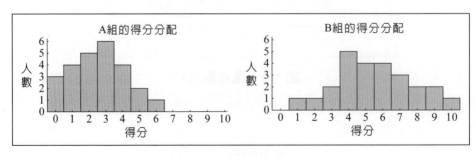

圖 1-7 　變數的分配

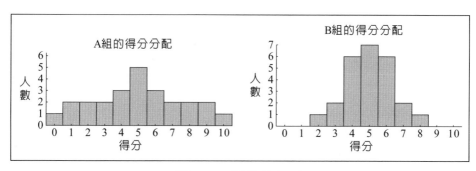

圖 1-8　變數的分配

如計算二組的平均值（平均分數）時，A 組是 2.56 分，B 組是 5.52 分。

平均值大是指變數在右方分布著，相反地平均值小即指在左方分布著。因之平均值可以說是「有關分配位置的指標」。

分配的狀態利用調查平均值即可某種程度的了解，但光是這樣是不夠的。譬如，假定 A 組與 B 組的成績如圖 1-8 分布著。

A 組與 B 組的成績的平均值均為 5 分，分配的位置雙方均相同。可是，這二個組的實態卻有相當的不同，不是嗎？

因為對 A 組而言，成績在 1 分以下的學生有 3 人，另一方面在 9 分以上得到優秀成績的學生也有 3 人。A 組也許是在自由競爭盛行的弱肉強食的氣氛中。相反的 B 組沒有遙遙領先的學生，也沒有全然不行的學生。也許是相互幫忙融洽氣氛的一組。

為了了解變數的狀態，知道平均值是非常重要的，但是確認此種分配的擴散情形也是需要的。因之可以使用「變異數」的指標。

所謂變異數是將各個觀測值與平均值之差（稱為「與平均值之偏差」）的平方的總和除以樣本數。也可稱為「與平均值之偏差的平方」的平均值。計算的式子是

$$變異數 = \{（觀測值 － 平均值）^2 的總和\} \div （樣本數）$$

A, B 二組的平均值均為 5 分，雖然分配的位置是相同的，但計算變異數時，分別為 6.88 與 1.84，知 A 組較大。

平均值如說成「平均分數是 5 分」時，可以掌握具體的印象。可是，變異數不易掌握具體的印象。這是為了在計算變異數時使用「與平均值之偏差的平方」。

因此取變異數的平方根，將單位與觀測值本身的單位一致就會很方便。將此稱為「標準差（standard deviation，取第一個字母稱為『SD』的也有）」。

在標準差方面，A 組是 2.62 分，B 組是 1.36 分，如此一來各組的每一位學生的成績，平均而言離平均值有多少即可明白。平均值稱為「分配位置的指標」，相對的，變異數與標準差稱為「有關分配擴散的指標」。

1-6 數值表徵的方法：共變異數與相關係數的引進(2)

■數據的標準化

為了調查一個變數的分配，介紹了平均值、變異數、標準差等的指標，接著就調查各個觀測值的性質來想想它的方法。因之要進行稱之為「數據標準化」的操作。為了說明，試考慮以下的例子看看。

「小君的英語的考試成績，期中考是 5 分，期末考是 6 分。期末考可以說成績比較好嗎？」

從班上的相對成績之觀點來看，對於上述問題的答案是 NO。不能單純地斷言因為得分高所以期末考的成績較好。也許是因為期末考的問題比較簡單，所以班上的平均分數才高。

前面出現過的 A 組與 B 組的考試成績，此次如將它想成是同班的期中考與期末考的成績時，此事即可立即明白。

期中考比小君的成績還好的學生雖然只有 1 人，但期末考比小君的成績好的學生有 6 人。因之期中考雖比期末考少 1 分，卻可以認為是好的成績。換言之，班上的相對成績，必須使用從小君的得分減去平均值之後的分數來比較才行。

那麼期中考、期末考的平均分數均為 5 分，假定小君的期中考、期末考的成績是 7 分。此時，期中與期末的成績能否說是相同呢？答案還是不行。因為二次考試，分配的擴散狀態也許不同之緣故。

將圖 1-5(b) 的二個圖分別想成是期中考與期末考的成績分配。期中考的成績比小君好的學生有 5 人，但期末考卻只有 1 人，顯然期末考的成績較好。換言之，在集團之中進行此種比較時，有關分配的擴散資訊也必須添加進去。

如像這樣考慮時，將原來的得分，以標準差為單位，重新測量出偏離平均值有多少，亦即使用下列式子是最好的。

$$標準得分 =（觀測值 - 平均值）÷ 標準差$$

標準得分可以想成是以分配的平均當作原點，以標準差當作單位，對數據重新設定數值。標準得分的大小，即表示特定的觀測對象在集團之中，位於哪邊的位置的一種指標。

圖 1-5(b) 中，標準差在期中考是 2.62 分，期末考是 1.36 分，因之小君的標準得分，期中考是 (7 – 5) ÷ 2.62 = 0.76 分，期末考是 (7 – 5) ÷ 1.36 = 1.47 分。亦即，阿君的期末考比期中考之分數位於上方。

就所有的觀測對象，將某變數的觀測值變換成標準得分的操作稱為「數據的標準化」。被標準化後的數據，必定是平均值成為 0，變異數與標準差成為 1。另外，利用標準化的操作，變異數成為 1 之變數，本書中稍許改變用語稱為「已加以標準化之

變數」的時候也有。

　　另外，將標準得分放大 10 倍再加上 50 的數值，即爲考試成績的評價中所使用的「偏差值」。利用此操作，偏差值的平均成爲 50，標準差成爲 10。利用放大 10 倍忽略小數，再加上 50 使之成爲不要處理負數的標準得分，此即爲偏差值。

　　就前面所說明的平均值、變異數、標準差、標準得分與此後要說明的共變異數、相關係數、相關比，將以數式所表現者整理如下，不妨參考閱讀。

　　有二個變數，第 i 個觀測對象的變數 x, y 的觀測值利用來設定。並且觀測對象的總數（樣本數）設爲 N。

1. x, y 的平均值（$\bar{x}, \bar{y}$）

$$\bar{x} = \frac{1}{N}\sum_{i=1}^{N} x_i \ , \ \bar{y} = \frac{1}{N}\sum_{i=1}^{N} y_i$$

2. x, y 的變異數（s_x^2, s_y^2）：「偏差的平方」的平均

$$s_x^2 = \frac{1}{N}\sum_{i=1}^{N}(x_i - \bar{x})^2 \ , \ s_y^2 = \frac{1}{N}\sum_{i=1}^{N}(y_i - \bar{y})^2$$

(1) 標準差 s_x, s_y 是取上式正的平方根。

(2) 關於變異數，像將變數 x 的變異數當作 $V(x)$，在括號之中放入變數名，如 V（變數名）那樣表示的也有。

3. 第 i 個觀測對象的標準得分（z_{x_i}, z_{y_i}）

$$z_{x_i} = \frac{x_i - \bar{x}}{s_x} \ , \ z_{y_i} = \frac{y_i - \bar{y}}{s_y}$$

4. x 與 y 的共變異數（s_{xy}）：「偏差之積」的平均

$$s_{xy} = \frac{1}{N}\sum_{i=1}^{N}(x_i - \bar{x})(y_i - \bar{y})$$

5. x 與 y 的相關係數（pearson 的積率相關係數：r_{xy} 或單表示爲 r）：「標準得分之積」的平均

$$r_{xy} = \frac{s_{xy}}{s_x s_y} \quad 或 \quad r_{xy} = \frac{1}{N}\sum_{i=1}^{N} z_{x_i} \cdot z_{y_i}$$

其中 z_{x_i}, z_{y_i} 是依據 3. 的標準得分。

6. 相關比

就某變數 y 而言，數據利用其他的變數 x 之值，按 j = 1, 2, …, c 被分成 c 個組。

y_{ij}：關於變數 y，第 j 組的第 i 個觀測值。

n_j：各組的數據（$\sum_{j=1}^{C} n_j = N$：總樣本數）。

就變數 y 而言,

(1) 各組的平均 　　$\bar{y}_j = \dfrac{1}{n_j}\displaystyle\sum_{i=1}^{n_j} y_{ij}$

(2) 各組的變異數 　$s_j^2 = \dfrac{1}{n_j}\displaystyle\sum_{i=1}^{n_j}(y_{ij}-\bar{y}_j)^2$

(3) 全體的平均 　　$\bar{y}_T = \dfrac{1}{N}\displaystyle\sum_{j=1}^{C}\sum_{n=1}^{n_j} y_{ij} = \dfrac{1}{N}\sum_{j=1}^{C} n_j \bar{y}_j$

(4) 全體的變異數 　$s_T^2 = \dfrac{1}{N}\displaystyle\sum_{j=1}^{C}\sum_{i=1}^{n_j}(y_{ij}-\bar{y}_T)^2$

此處考慮

$$s_B^2 = \frac{1}{N}\sum_{j=1}^{C}\sum_{i=1}^{n_j}(\bar{y}_j-\bar{y}_T)^2 = \frac{1}{N}\sum_{j=1}^{C} n_j(\bar{y}_j-\bar{y}_T)^2$$

針對全體的變異數求比率。亦即

$$h^2 = \frac{s_B^2}{s_T^2} = \frac{\Sigma n_j(\bar{y}_j-\bar{y}_T)^2}{\Sigma\Sigma(y_{ij}-\bar{y}_T)^2}$$

將此正的平方根 h 稱為相關比。
h 在 $0 \le h \le 1$ 的範圍中取值,h 的值愈大,變數 y 與分組所使用的變數 x 之關係即可解釋為愈強。

知識補充站

蘋果創辦人史蒂芬・賈伯斯在史丹佛大學演講系列之三：死亡

十七歲時讀到的一則格言影響了我：「把每一天都當成生命中的最後一天，你終會找到人生的方向。」過去三十三年，每天早上我都會攬鏡自問：「如果今天是我人生的最後一天，那我要做些什麼？」當我多天都得到「沒事做」的答案，該改變了。

提醒自己快死了，是我在判斷重大決定時，最重要的工具。因為幾乎每件事，所有外界期望、所有名譽、所有對困窘或失敗的恐懼，在面對死亡時，全都消失了，只有最重要的東西才會留下。用死亡提醒自己，是避免陷入害怕失去擁有的最好方法。生不帶來，死不帶去，為什麼不順心而為呢？

一年前，我被判定得了癌症。早上七點半做斷層掃描時，發現胰臟裡出現腫瘤，我甚至不知道胰臟是用來做什麼的。醫生告訴我，幾乎確定是不治之症，大概活不過三到六個月了。醫生要我回家，好好跟家人相聚，醫生面對臨終病人總是這樣說。這代表你得在幾個月內，把將來十年想跟小孩說的話講完，你真的得說再見了。

我滿腦子都是這個判我死刑的診斷。到了晚上做了一次切片，內視鏡從喉嚨伸進胃再到腸子，還插了根針到胰臟取出腫瘤細胞。打了鎮靜劑後我不省人事，但是我太太陪著我，看著醫生檢查。她跟我說，當醫生查看癌細胞後喜極而泣，因為那是非常少見的胰臟癌，可以用外科手術切除。我現在完全康復了。

那是我最靠近死神的一刻，希望也是未來幾十年最接近的一次。徘徊死亡關卡後，我更要告訴大家：沒有人想死，即使那些想上天堂的人，也想活著上天堂。但死亡是我們共同終點，沒人逃得過。死，更是生命最偉大的發明，是送舊迎新、傳承生命的媒介。現在新生代是你們，但不久的將來，你們也會年華老去，離開人生的舞台。抱歉形容得這麼戲劇化，但這是真的。

生命短暫，不要浪費時間活在別人的陰影裡；不要被教條所惑，盲從教條等於活在別人的思考；不要讓他人的噪音壓過自己的心聲。最重要的，有勇氣跟著自己的內心與直覺。

求知若渴，虛心若愚。我總是以此期許自己。現在你們畢業了，我也以此期許你們：求知若渴，虛心若愚。非常謝謝大家。

1-7 數值表徵的方法：共變異數與相關係數的引進(3)

■表示二個變數關係強度的指標

　　以上針對調查一個變數的分配狀態所需的指標加以說明，接著設法推導出表示二變數關係強度的指標。雖然是複習，但了解二變數的狀態，要使用散布圖且從視覺上的確認來開始。

　　此處討論以下五個散布圖。此五個散布圖，在縱軸配置 y，橫軸配置 x 的變數，分別在各個變數的平均值處畫入輔助線。散布圖的看法是：

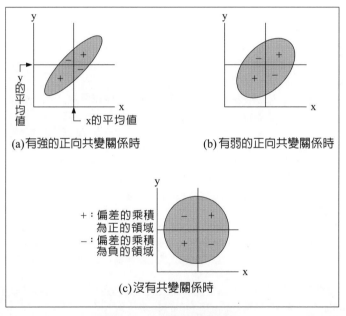

圖 1-9　散布圖的看法

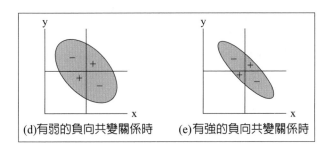

(d)有弱的負向共變關係時　　　(e)有強的負向共變關係時

(a)：隨著 x 的變大，可以看出 y 也一直有變大的傾向

(b)：雖有 a 的傾向卻很弱

(c)：x 與 y 沒有關係

(d)：隨著 x 的增大，y 一直有變小的傾向

(e)：(d) 的傾向強

圖 1-9　散布圖的看法（續）

如何將此五個狀態以一個指標表示？

　　因之，注意以輔助線所畫分的部分，試比較第一象限與第三象限之數據（以 + 表示的部分），以及第二象限與第四限的數據（以 − 表示的部分）的量比較看看。

　　圖 (a) 是 + 的比例最大，圖 (e) 是 + 的比例最小。此比例，由圖 (a) 到圖 (e) 知是依序變化。如果這樣，對第一象限或第三象限的數據考慮給與 + 的指標，對第二、四象限的數據則給與 − 的指標，如求出該指標的平均值時，即可達成目的。

1-8 數值表徵的方法：共變異數與相關係數的引進(4)

■共變異數

以一個例子來考察「與 x, y 之平均的偏差之乘積」此種指標，並試計算它的平均值看看。亦即

$$s_{xy} = \frac{\{(x的觀測值 - x的平均值) \times (y的觀測值 - y的平均值)\}的總和}{樣本數}$$

此指標稱為 x 與 y 的「共變異數（covariance）」。

此指標的 { } 中的「與平均之偏差的乘積」，如果 x 與 y 的觀測值均比平均值大，或者均比平均值小的觀測對象時，即為正的值。並且，一方比平均值大，另一方比平均值小的觀測對象時，即為負值。

如果，像圖 1-9(a) 那樣，二變數之間有「一方增大，另一方也增大」強烈存在著直線性的共變關係時，偏差之積成為正的觀測對象的比例應該會增多。因此，偏差之積的平均值，成為絕對值大的正值，而且共變關係愈強，此傾向就愈顯著。

相反的，像圖 (e) 那樣，二變數之間如果有「一方增大，另一方即變小」強烈存在著此種直線性的共變關係時，則偏差之積成為負的觀測對象比例即增多。結果，偏差之積的平均值即成為絕對值大的負值。

又像圖 (c)，二變數看不出共變關係的話，二變數比平均值都大或都小的觀測對象，與某一方的變數比平均值小，另一方則大的觀測對象，幾乎各占一半。因此，偏差之積正的情形與負的情形相互抵消，它的平均值應該接近 0。基於此種理由，可以將「共變異數想成是二變數關係強度的指標」。

以共變異數的性質來說，首先可以舉出 x, y 的共變異數 s_{xy} 與 y, x 的共變異數 s_{yx} 是相等的。換言之，將所想的二變數的「順序」更換，共變異數之值也不變。並且，某變數與該變數本身的共變異數，亦即成為該變數的變異數，此從定義式來看就顯得很清楚。

目前為止的討論，如計算共變異數時，知可以用數值表示二個變數的直線性共變動。

可是，此處再一次就共變異數的性質來考慮。如圖 1-5(a) 所示，如以父親與孩子的身高來畫散布圖時，大略來說形成右上的形狀。如計算共變異數時即為 16.12，的確是正的值，但是，此乃是以 cm 為單位測量身高的共變異數。

如以其他的單位測量時會變成如何？試著以 mm 與 m 來測量並計算共變異數時，分別成為 1612 與 0.001612。這是令人困擾的。二個變數的關係只要觀察散布圖，不管用什麼單位加以測量應該都沒影響，但觀察共變異數時，以小的單位測量時覺得關連似乎較強。

　　因此，再次就表示二個變數關連之指標重新思考看看。在父親與孩子以身高例子中，以 cm 測量時的共變異數，是以 mm 測量時的 100 分之 1，是以 m 測量時的一萬倍。

　　換言之，標準差大的變數，「與平均值之偏差的乘積」大概會是甚大的值。因之，一方變數的標準差很大時，受到該變數之偏差大小所影響，即使二變數的共變關係弱，共變異數的絕對值也有增大的傾向。

　　總之，即使說共變異數大，它是共變動大的緣故呢？或者是一方（或雙方）的變數的標準差大的緣故呢？就變得很難區別。

　　考慮分配的擴散大小的影響時，曾學過最好以標準差來除，此處也將共變異數以二變數的標準差來除，即可除去兩方變數之擴散大小的影響。利用此操作可以定義如下指標：

$$r_{xy} = \frac{\text{x與y的共變異數}}{\text{(x的標準差)} \times \text{(y的標準差)}}$$

如使用此指標，不管是以 cm 單位測量的數據或是以 m 或 mm 單位測量的數據，結果也都是一致的，父親的身高用 m，孩子的身高用 cm 測量都行。

　　以如此方式所得到的指標稱為 x 與 y 的「相關係數（Pearson product-moment correlation coefficient，皮爾生積率相關係數）」。相關係數經常是在 –1～+1 的範圍中，此為大家所熟知，作為表示關連強度的指標來說是非常方便的。另外，某變數與該變數本身的相關必定是 1。

　　從其他的見解來看時，x 與 y 的相關係數是將 x 與 y 的觀測值換成標準得分除去單位的影響，再求出標準得分之積的平均值，也可以如此解釋。

　　相關係數的符號，是表示共變關係在散布圖上是左上升或右上升呢？絕對值的大小是意指共變關係的強弱。符號正時，二個變數之間可以說有「正的相關」，可解釋為一方變數之值增大時，另一方也有變大的傾向。另外，符號負時，稱為有「負相關」，解釋成一方變數之值增大時，另一方變數之值即有變小的傾向。像這樣，相關係數是表示二變數關係強弱的指標。

1-9 數值表徵的方法：共變異數與相關係數 的引進(5)

■相關係數的意義

關於相關係數的強弱，一般以如下來表現的居多，亦即相關係數的絕對值，
· 如在 0.2 以下時，幾乎沒有相關
· 如在 0.2～0.4 時，有弱相關
· 如在 0.4～0.7 時，有中程度的相關
· 如在 0.7 以上時，有強烈相關

譬如，在圖 1-5(a) 的散布圖中，男性大學生與其父親的身高之間的相關係數為 0.56，因之有中程度的相關。這以 mm 測量或以 m 測量均不變。相關係數不受測量單位的影響，所以是方便的指標。可是，關於相關係數的絕對值大小的評價，並無絕對性的基準。

譬如，間隔一小時以相同的測量器對幾個人的身高進行二次測量的情形來討論。假定，此二次測量值之間相關係數是 0.8 的話，此測量器實在是無法信賴。在一小時之中，人的身高有所改變，幾乎是無法想像。測量身高的工具，一般是期待更高的相關係數，此時即使 0.8 的相關係數也一定要想成是弱的相關。

另一方面，把對我們的健康認為有害的化學物質，從量加以改變，用在許多的小老鼠身上，然後在老鼠的壽命與該化學物質的用量之間求相關係數。此種情形儘管相關係數是 –0.4 之值，而該化學物質是身邊食品所含的添加物時，事情就很嚴重，即使是 –0.4 也必須認為是高的相關。

像這樣，相關的強弱必須依據二變數的意義來解釋才行，先前的分類畢竟是粗略的標準。而且計算相關係數的原有數據數很少時，值就會不穩定，接著收集同樣的數據計算相關係數的話，也許會出現不同的值。此事也需要注意。

■共變異數矩陣與相關矩陣

就表 1-1 所表示的職業棒球隊中央聯盟的數據計算相關係數時，勝率之間是 –0.7，打擊率與獲勝率之間是 0.54，全壘打與獲勝率之間是 0.35。防禦率意味值愈大投手力愈弱，所以得出負的相關係數。

將投手戰力與球隊戰績、打擊戰力與球隊戰績之間的因果關係的強弱，以相關係數的絕對值大小來比較看看。將三個變數各個比較時，利用防禦率所表示的投手戰力，比打擊率、全壘打之類的打擊戰力，對球隊的實力（獲勝率）更有影響。

然而，變數的個數增多時，要計算的共變異數與相關係數的個數也會增多，變得不易看。有三個變數以上的數據時，針對所有變數的組合畫出散布圖，將它排成矩陣的形狀，即容易整理變數間的關係。此稱為「聯合相關圖（MA Chart）」。聯合相關

圖是在直角三角形的斜邊排列直方圖，下方排列散布圖來繪製即可。

從棒球的數據，針對打擊率、防禦率、全壘打數、獲勝率的四個變數描畫「聯合相關圖」時，即為圖 1-10。

然而，共變異數與相關係數原本是表示直方圖與散布圖的狀態，因與「聯合相關圖」一樣排列時就會變得容易看。

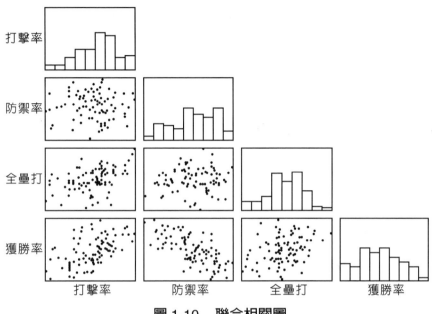

圖 1-10　聯合相關圖

1-10 數值表徵的方法：共變異數與相關係數的引進(6)

表 1-2 的上表，是在相關圖的位置上配置共變異數，在直方圖的位置上配置變異數，稱此爲「共變異數矩陣」。下表是在相關圖的位置上配置相關係數，直方圖的位置配置 1，稱此爲「相關矩陣」。這是因爲某個變數與該變數本身的相關係數是 1 的緣故。

「共變異數矩陣」與「相關矩陣」是將許多變數的相互關連一併加以表示，本書以後所要探討的複雜分析，全部是以這些矩陣作爲出發點進行計算。

此處再度就共變異數與相關係數討論。在先前的說明中，由於共變異數受到變數單位的影響，對解釋二個變數的共變動沒有幫助。果眞如此，只要用相關矩陣取代共變異數矩陣進行分析就可以了。

表 1-2　職棒數據的共變異數矩陣與相關矩陣

共變異數矩陣

	打擊率	防禦率	全壘打	獲勝率
打擊率 ×1000	96.92			
防禦率 ×10	−1.05	29.30		
全壘打	123.23	16.40	792.81	
獲勝率 ×1000	428.69	−307.63	811.29	6613.54

相關矩陣

	打擊率	防禦率	全壘打	獲勝率
打擊率	1.00			
防禦率	−0.02	1.00		
全壘打	0.45	0.11	1.00	
獲勝率	0.54	−0.70	0.35	1.00

可是，實際上是相反的。共變異數矩陣雖然在解釋每一個數值時並無幫助，但以提供給計算機的數據來說，它是比相關矩陣更出色。那是因爲共變異數矩陣包含有變異數，保留有關於變數的擴散資訊的緣故。

這意指即使沒有相關矩陣，但只要有共變異數矩陣時，由它也可以計算相關矩陣。

譬如，打擊率與全壘打的相關，依據它的定義式，如從共變異數矩陣可以找出共變異數與各個變數的變異數時，即可如下計算，即：

$$0.45 = 123.23 \div \sqrt{(96.92 \times 792.81)}$$

可是，無法從相關矩陣計算共變異數。換言之，可以說只要有共變異數矩陣，相關矩陣就可以不要，相關矩陣是將二個變數的關係以容易理解的方式加以表示，共變異數矩陣則可用於以後的分析。

如棒球例子中所說明的，二個變數間可以看出因果關係時，它的因果關係的強弱，可以使用相關係數來評價。可是，使用相關係數考察因果關係時，有幾點必須要注意。此問題留待下節再詳細加以說明。

知識補充站

蘋果創辦人史蒂芬‧賈伯斯經典名言系列之一

1.「求知若飢，虛心若愚。」

56 歲的蘋果執行長賈伯斯在 2005 年美國史丹佛大學畢業典禮上，送給畢業生的勸告是：「求知若飢，虛心若愚。」這求知與虛心的對象，與其說是白紙黑字，倒不如說是每天遇見的各種面孔；學會「讀」人，每張臉都是好書的封面。當然，惡魔也就跟著變成金礦了。他勉勵學生帶著傻氣勇往直前，學習任何有趣的事物。

2.「如果每個人都要去舊金山，那麼，花許多時間爭執走哪條路並不是問題。但如果有人要去舊金山，有人要去聖地牙哥，這樣的爭執就很浪費時間了。」

賈伯斯指出合作的關鍵在於擁有共同目標。但當缺乏共同目標時，容易變得心胸狹窄，彼此誤解並互相指責。因此，盡量去創造一個橫跨各部門的共同目標，然後一起努力，就算有爭執也沒關係。

3.時間有限，不要浪費時間活在別人的陰影裡；不要被教條所惑，盲從教條等於活在別人的思考中；不要讓他人的噪音壓過自己的心聲。

不要讓別人的意見淹沒了你內在的心聲。最重要的，擁有追隨自己內心與直覺的勇氣，你的內心與直覺多少已經知道你真正想要成為什麼樣的人，任何其他事物都是次要的。賈伯斯從不妥協，生命短暫，不應浪費時間活在別人的陰影裡。他也從來不被教條所困惑，盲從教條等於活在別人的思考中；不要讓他人的噪音壓過自己的心聲。最重要的，有勇氣跟著自己的內心與直覺。

1-11 相關係數的解釋需要注意(1)

■二個注意點

相關係數雖然是了解二變數之共變關係的強弱甚為方便的指標,但在進行解釋時,大略來說有二點是需要注意的。

第一點是,依變數的分配情形,為了調查二變數的共變動關係,有時相關係數並非是有效的指標。

第二點是,因果關係如果存在,相關係數就會變高,但是相反的二變數之間即使可以看出有甚高的相關,但此事並非保證有因果關係的存在。

就此二點依序來說明。

■對數據的分配要注意

以表示二變數之關係強弱的指標來說,相關係數確實是非常方便的,但繪製散布圖卻意外地花費時間。

因此,許多讀者也許會計算相關係數,只從其值解釋二個變數的關係。可是這是非常危險的。依變數的分配情形,相關係數也有可能並未正確反映整個母體的傾向。

譬如,有時也會有未反映數據的真正性質而取得過大之值的情形,另外因為取得過小的值,而疏忽數據所隱藏的性質之情形也有。

1.偏離值的影響

首先在圖 1-11 的上圖,針對相關係數被過大評價的例子加以說明。這是任意所選出的世界 73 個國家的面積與 1990 年度的國防經費的散布圖。相關係數的大小是 0.56,大約為中程度。

可是,只從此值認為「因為國家大,相對的國防經費就多」的想法是錯誤的。

在職業棒球的例子中,打擊率與獲勝率的相關(表 1-2)是 0.54,雖然面積與國防經費的相關係數是 0.56,幾乎相同,但與表 1-2 的散布圖相比來看時,知兩者的樣子卻有相當的不同。在下圖中,美國與舊蘇聯,與其他國家相比,顯示極端大的值。因此,除掉這兩個國家只以 71 個國家來計算時,相關係數卻成為 0.07,幾乎看不出相關(圖 1-11)。換言之,國防經費如除去美國與舊蘇聯時,整體來說與國家的面積並無關係。

在數據的分配之中,像美國與舊蘇聯,與其他的觀測對象相比顯示極端大或極端小的值稱為「偏離值」。相關係數在受到少數偏離值之影響時,值是容易變動的指標。打擊率與獲勝率的例子在圖 1-10 的散布圖中,不管除去哪二個觀測對象,相關係數之值並無太大的改變是很明顯的。

觀察散布圖,如有偏離值時,將數據按順位更換,計算相關有時也是可以的。所謂以順位更換,譬如國防經費時,在世界上是第幾個花費最多的國家呢?以此當作數據。如果是面積時,是第幾大面積的國家呢?以此來當作數據。

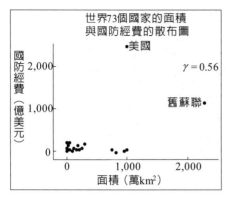
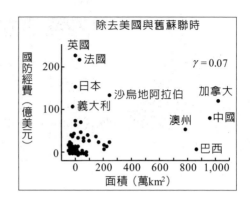

圖 1-11　相關關係圖

以換成順位後的數據作為基礎，所計算的相關係數稱為「順位相關係數」。譬如，包含美國與舊蘇聯在內的 73 個國家的國防費用與面積的順位相關係數即成為 0.07。如此一來可以說是表達實情吧！

2. 曲線關係的數據

如圖 1-12，與先前一樣使用 73 個國家的數據，描繪出生率與死亡率的散布圖。

由此圖可以看出，出生率低的國家死亡率稍高，出生率居中的國家死亡率變低，出生率高的國家死亡率有再升高的傾向。

就此整個數據求相關係數時，得出 0.51，然而以點線部分區分數據後再求相關係數時，左側（31 個國家）是 –0.51，右側（42 個國家）是 0.70。在數據的內部可以看出相反的傾向，卻將它以 0.51 一個相關係數來評價顯然是不合實情。數據可以看出有曲線的關係時，相關係數就不是有效的指標。

像這樣，對於可以觀察出有曲線關係的數據來說，依出生率之值將數據分成幾組後，最好計算出圖 1-6 所說明的相關比。譬如，出生率分成 0～20%、20～40%、40～60% 三組，與死亡率之間計算相關比時，即為 0.65。二個變數的曲線性共變關係，可以說非常強。

雖然也有更積極利用曲線性關係的方法，它的方法請參閱其他書籍。

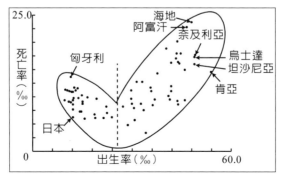

圖 1-12　世界 73 個國家的出生率與死亡率的散布圖

1-12 相關係數的解釋需要注意(2)

3.包含異質的群體時

　　將性質不同的群體彙總在一起計算相關係數時，有可能將相關係數過大評價或過小評價，此點也是需要注意的。

　　圖 1-13 是說明將性質不同的群體合併在一起，得出了讓人誤解數據性質的相關係數之情形。

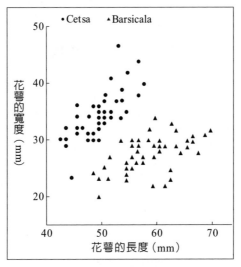

圖 1-13　包含異質群體的散布圖

　　這是使用費雪（Fisher）的「Iris‧Data」，在統計學的歷史上為大家所熟知的一部分數據。此處是以統計學者費雪測量不同種類的蝴蝶花（Iris）的各部分的大小後所得出的數據之中，列舉出二種蝴蝶花（樣本數分別是 50）的花萼的長度與寬度。

　　在散布圖上將二種蝴蝶花（Cetsa, Barsicala）使用不同的記號來繪製。觀此圖時，二種蝴蝶花具有強烈的正相關，形成不同的區塊是非常明顯的。

　　只使用各個種類的樣本，求相關係數時，Cetsa 的情形是 0.74，Barsicala 的情形是 0.53。可是，雖然說是測量相同「花萼的長度與寬度」，卻將兩方的樣本合在一起求相關係數時，其值為 –0.21 成為負值。

　　因為將不同性質的群體合併，不僅忽略了「蝴蝶花的花萼愈長，花萼的寬度也愈寬」的關係，而導出了「花萼愈長，花萼的寬度愈窄」的相反解釋。

　　像這樣，很明顯性質不同的複數個群體在數據之中混雜時，即使計算順位相關或相關比也無法應對。此時，分別處理 Cetsa、Barsicala，按各群體計算相關之外別無他法。

　　譬如，將職業棒球分成中央聯盟與區域聯盟，或將中學生分成一年級、二年級、三年級等，利用某種的要因可以將觀測對象分組的時候也有。此時，一般來說最好是將各組使用不同的記號來繪製散布圖，如此一來，蝴蝶花在數據可按各組表示區塊，且可發現隱藏於數據中意想不到的性質。

　　如果，可以看出數據的特定構造時，有需要嚐試按各組計算相關係數。像這樣區分數據稱為「數據的層別化」。

4. 散布圖的重要性

　　在解釋相關係數時，曾說明必須注意變數的分配的形狀，今將應注意的幾點整理如下：

　　(1)可以觀察出偏離值時，將偏離值除去後試比較前與後的相關。或者試著計算順位相關係數。

　　(2)可以觀察出曲線的共變關係時，試著計算相關比。

　　(3)組間可以看出異質的傾向時，或可以預料出它的可能性時，按各組區分後再試著計算相關係數。

　　三個注意點中，共同之處是「好好觀察散布圖」。雖然是想當然爾，但進行數據解析時，是不可或缺的鐵則。

1-13 注意變數的意義

　　沒有偏離值，可以觀測出直線關係，即使未包含不同性質的群體之情形，然而在相關係數的解釋上仍有需要注意的重要問題。此即計算相關時所使用的二個變數是何種變數的問題。

　　二個變數之間有相關，如先前所述是以下二種情形：

1. 二個變數的背後有共同的原因。
2. 二個變數之間有因果關係。

　　譬如，將國內的所有鄉鎮作為觀測對象，假定收集了有關大氣汙染量與住民的平均年齡的數據。

　　一般愈是大都市，大氣汙染愈是嚴重，住民之中年青層所占的比例高，所以兩者之間也許會得出負的相關係數吧！可是，「因為年輕人居住的緣故，所以空氣汙染」等的關係，在常識上也是不自然的。此情形如想成是都市化此種共同原因之影響，在「大氣汙染量」與「住民的平均年齡」此二變數之間得出負的相關係數是比較正確的。

　　由此例可以很明顯的知道，即使二變數之間可以看出「相關關係」，然而它不是保證兩者之間有「因果關係」之存在。

　　此情形，如將可以想成是共同原因的「都市化」當作能觀測的數據而且可以蒐集時，即可計算除去「都市化」之影響後的「大氣汙染量」與「住民的平均年齡」之間的相關。此種相關係數稱為「偏相關係數」，除去變數 z 的影響後，變數 x 與 y 的偏相關以 $r_{xy \cdot z}$ 如下計算，即：

$$r_{xy \cdot z} = \frac{r_{xy} - r_{xz} \cdot r_{yz}}{\sqrt{1 - r_{xz}^2} \times \sqrt{1 - r_{yz}^2}}$$

譬如，有如表 1-3 的相關矩陣（虛構例）時，偏相關係數即為：

$$r_{xy \cdot z} = \frac{-0.6 - 0.7 \times (-0.80)}{\sqrt{1 - (-0.8)^2} \times \sqrt{1 - (0.7)^2}} = \frac{-0.04}{0.6 \times 0.714} = -0.0934$$

　　「大氣汙染量」與「住民的平均年齡」除去都市化之影響後之偏相關知非常地低。

　　如以路徑圖表示偏相關時即為下圖，可以解釋為未受到來自共同原因之影響的誤差變數間的相關。

　　另外，即使二個變數之間有因果關係時，變數的意義特別是有需要注意前後關係。

　　譬如，就具有相同程度人口的世界都市來說，如計算犯罪發生件數與警察的人數時，顯然可以看出正的相關吧。可是，「警察增加所以犯罪增加」的解釋，是違反我們的常識的。此情形應想成「因為犯罪多所以才需要警察」。

表 1-3　相關與偏相關係數

相關矩陣

	x	y	z
x：大氣汙染量	1.00		
y：住民的平均年齡	−0.60	1.00	
z：都市化	0.70	−0.80	1.00

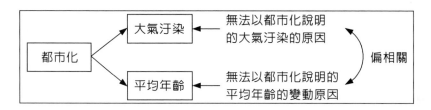

1-14 因果關係成立的基本條件（從相關關係到因果關係）

　　因此，爲了可以估計某事項是其他事項的原因，何種條件是需要的呢？關於此點不妨先行整理。

　　爲了變數 x 成爲變數 y 的原因，以下所說明的四個條件是需要的。此四個條件主要是在醫學的領域中所使用的因果關係的判定基準，但在醫學以外的領域也有助益。

變數 x 爲變數 y 的原因所需要的條件

(a) 時間的先行性（x 先於 y 出現）。

(b) x 與 y 之關連的強弱。

(c) 關連的普遍性。

(d) 關連的整合性。

　　此處使用「抽菸是肺癌的危險要因」的例子，說明因果關係成立的上述四個基準。

　　首先，在「抽菸（x）」與「肺癌（y）」之間，很明顯的具有(a)的「時間先行性」。

　　圖 1-14 的 x 軸是表示每日的抽菸支數，y 軸是表示每 10 萬人的死亡比。隨著抽菸量的增加，死亡比也增加，所以可以查明 (b) 的「關連強弱」。

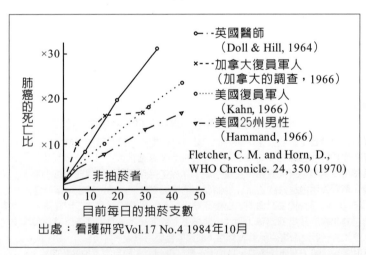

圖 1-14　抽菸數與死亡比的關連圖

而且，此圖也表示隨著抽菸量的增加，肺癌的死亡比也增加之關係，在英國、加拿大、美國都有同樣發現。像這樣 x 與 y 之關係不因時間、場所、對象的選取方法而同樣可以看出，此即為 (c) 的「關連的普遍性」。

另外，香菸中所含的尼古丁或焦油會增高肺癌的危險之假定，從醫學、生理學的觀點也可以毫不矛盾的說明，此即為 (d) 的「關連的整合性」。

因果關係是不行與探討研究對象之主題的學問領域中所累積起來的卓見相矛盾。利用各學問領域的理論得以保證關連的整合性之後，才可以在統計上處理因果關係。

話說，我國因肺癌的死亡率，像台北、台中、高雄、桃園、中壢等在大都會的某幾處縣市中較高是我們熟知的。此事暗示工廠或汽車所排放的飄浮在大氣中的汙染物質也增高肺癌的危險。因此，增高肺癌的危險因子不行只限定在「抽菸」。

同樣，社會中的許多現象，以變數 y 的原因來說，可以設想複數個變數的情形也不少。關於此種複雜的因果關係之分析，擬從第三章起開始解說。

知識補充站

蘋果創辦人史蒂芬‧賈伯斯經典名言系列之三

1. 創新＝借用與連結

　　賈伯斯總愛引用畫家畢卡索的名言：「好的藝術家懂複製，偉大的藝術家則擅偷取。」他從不認為借用別人的點子是件可恥的事。賈伯斯給的兩個創新關鍵字是「借用」與「連結」。但前提是，你得先知道別人做了什麼。

2.「決不、決不、決不、決不放棄！」

　　賈伯斯也喜歡引用邱吉爾說的，「決不、決不、決不、決不放棄！」無論他人生中遇到任何挫折，休學或失業，他總是決不放棄，堅持下去。

3. 你不可能有先見之明，只能有後見之明，因此，你必須相信，這些小事一定會和你的未來產生關聯。

　　你沒辦法預見這些點滴如何聯繫，唯有透過回顧，可以看出彼此關聯。所以你必須相信，無論如何，這些點滴會在未來互相連結，有些東西你必須相信，像你的直覺、天命、人生，諸如此類種種。

Note

第2章
簡介結構方程模式分析

　　以科學的方式觀察看不見的事物此即為結構方程模式分析。因素分析的因素與變異數之間的關係是固定的，但是，結構方程模式分析卻是可以自由建構關係。可以自由處理變數與因素的關係，也意謂成為分析對象的資料沒有限制。因此，結構方程模式分析可以處理的資料，比以往的統計分析更為多采多姿。

2-1 結構方程模式分析能知道什麼(1)

■以科學的方式觀察看不見的事物此即為結構方程模式分析

我們對資料所抱持的印象大多是抽象性的。譬如，試回想學生時代，把成績的資料攤在眼前，「我有理科方面的能力！」、「我有科學方面的能力」等，對於此種與老師交談的情景仍記憶猶新吧！

另外，觀察營業成績後，被主管讚美說「你有營業的才能」、「你有企劃能力」一事，也曾有過體驗。

此外，觀察性格的意見調查結果，像「表現出本土式的特質」、「表現出美國式的嗜好」等，此種印象也都印象深刻！

不妨注意一下這些平常不經意在使用的用語。這些都不是手可以觸摸到、眼睛可以看到的東西。統計上、經驗上雖然可以感覺到它的存在，但並非可以具體地表現出「就是它」。

一般而言，依據統計的許多關係或法則都是抽象的，不輕易數量化。可是將它具體地當作科學的對象來處理，定量性的分析是需要的。因應此種要求的即為結構方程模式分析（structural equation modeling）。結構方程模式分析也稱為共變異數構造分析。亦即，它有如下的特徵，即：

> 結構方程模式分析可以討論統計資料背後潛在的、抽象的事物。

利用結構方程模式分析時，可以討論「營業的才能」與「營業的資料」是如何相互產生影響的。把針對性格所調查的資料擺在眼前，即可調查「本土式」或「美國式」的性格，以及與哪些項目之間相互交織者。

■模式甚為自由的結構方程模式分析

在「抽象的具體化」此點，過去已有的多變量分析也能實現它。譬如，其中之一的因素分析，能將資料的背後的要因以「因素」的方式定量化、具體化[註1]。

[註1] 有關因素分析的概論，請參照附錄 8 的說明。

　　那麼，結構方程模式分析與過去已有的多變量分析有哪些地方是不同的呢？此即為：

> 因素與變數之關係能自由地模式化。

　　因素分析的因素與變異數之間的關係是固定的，但是，結構方程模式分析卻是可以自由建構關係。

　　可以自由處理變數與因素的關係，也意謂成為分析對象的資料沒有限制。因此，結構方程模式分析可以處理的資料，比以往的統計分析更為多采多姿。

■對象即使未定型也能分析

　　由於具有能自由處理變數與因素之關係的特性，結構方程模式分析即包含過去許多的多變量分析的手法。亦即，以結構方程模式分析的下位模式來說，即可執行過去許多的多變量分析的手段。基於此包容力，結構方程模式分析被視為「新世代的多變量分析」。

> 結構方程模式分析被視為「新世代的多變量分析」。

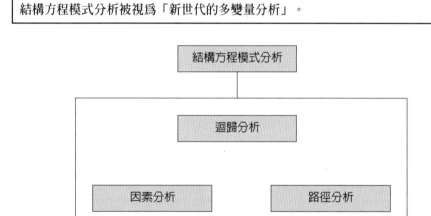

圖 2-1　結構方程模式分析包含以往的多變量分析

2-2 結構方程模式分析能知道什麼(2)

■資料的潛在關係也可以具體化的結構方程模式

前述結構方程模式分析「能自由地將變數與因素之關係模式化」，它具有如下特徵。

> 可定量性的討論統計資料背後的要因（因素）之關係。

以往的多變量分析無法深入調查潛藏在資料的背後甚至對資料會造成影響之要因的關係。可是，結構方程模式分析卻是可行的。

特別要注意是資料背後所潛藏之要因間的構造也可加以掌握，此特徵更為突顯。譬如，就經常被舉例的「學習能力」來說，把「成績」的統計資料擺在眼前，我們經常討論「理科能力」和「文科能力」的抽象能力。可是，此等的2個能力並非相互獨立。通常具有某一方的能力，也會具有另一方的能力，反之亦然。因此，就會想到將「理科能力」和「文科能力」之抽象能力，以「學習能力」的統一式能力來說明的模式。

結構方程模式分析就像圖2-2所示，也可調查資料所隱含之抽象潛在要因之階層關係。這也是以往的多變量分析所沒有的顯著特徵。

■路徑圖使分析容易

然而，即使說「可以定量性地調查『看不見者』之間的關係」，但如果它的方法困難時，仍有如畫餅充飢一樣。像是理解需要費盡一番功夫，作為許多人工作上所使用的工具來說毫無幫助。可是，結構方程模式分析並非如此。它比過去的多變量分析更為容易。那是因為它準備有路徑圖（path diagram）此種強而有力的手段。亦即：

> 結構方程模式分析利用路徑圖就能以視覺的方式進行資料分析。

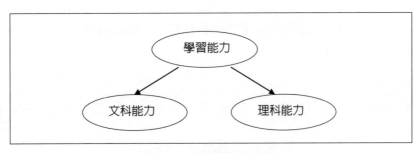

圖2-2　學習能力模式

　　圖 2-2 也是路徑圖的一例。另外，以下是超市的市調資料，以及就此所考慮的路徑圖。將意見調查的項目以及認為對它有影響的兩個要因之關係以圖 2-3 來表示。如觀察此例，即可一目瞭然路徑圖是極為直覺式且容易了解的。

表 2-1　分析超市的顧客意見調查表

NO	布置	品項控管	氣氛	從業員的態度	應對迅速
1	8	6	3	9	5
2	5	9	1	7	1
3	1	2	5	1	6
4	6	3	1	2	4
5	7	8	4	8	9
6	0	2	5	3	0
7	5	5	5	9	9
8	1	9	8	2	0

　　路徑圖如此圖一般，可將「哪一項目與哪一要因呈現何種關聯」予以視覺化。像「資料的項目與背後潛藏之要因的關係能自由地模式化」，表現此種結構方程模式分析的特徵，路徑圖是最合適的工具。

　　那麼，您是否會認為「此種程度的圖任誰也都會畫」呢？不妨實際畫畫看！所畫出來的圖，統計學上是否具有意義呢？如果事後不計算看看是無法知道的，但是路徑圖是可以自由繪製的。它的自由度的大小要與結構方程模式分析的自由度一致。一般的統計解析的方法是將資料適配模型再分析，但結構方程模式分析可以配合分析者的想法來分析資料。

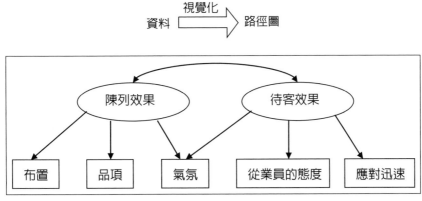

圖 2-3　意見調查資料與路徑圖

2-3 結構方程模式分析能知道什麼(3)

■ Amos 的活用

　　此外，有讓結構方程模式分析容易進行的軟體。過去只能利用大學或研究機關的大型電腦才能進行分析，如今以個人電腦即可簡單計算。說得誇張些，即使不了解結構方程模式分析的體系，也能簡單地得到分析結果，可以獲得更爲正確的結論。

　　譬如，圖 2-4 是利用 Amos 此種結構方程模式分析的有名軟體所繪製的圖。

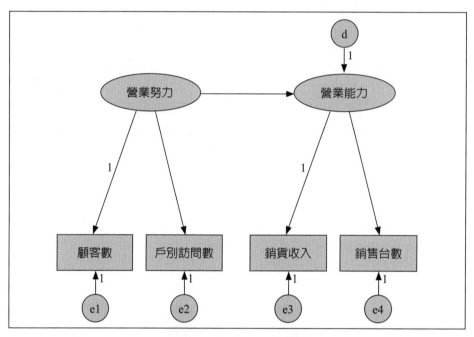

圖 2-4　利用 Amos 的圖例

小博士解說

結構方程模式分析的所需知識

　　如有路徑圖與專用的軟體時，就能進行結構方程模式分析嗎？當然並不盡然。統計學的基本素養是需要的。像是「對路徑圖設定出初期值」、「電腦計算出來之數值的看法」、「模式的評價」等，均要有統計學的基礎。詳細情形請參考其餘章節。

　　如圖 2-4 所示，輸入路徑圖，適當地設定初期值，即可簡單地執行結構方程模式分析。也可以想成是統計解析的「繪圖板」。

　　以上，調查了結構方程模式分析的特徵。也許會認爲「不得要領」。可是，此處是出發點。此後再去調查具體的意義。

> 輸入路徑圖，適當地給予初期值，即可簡單地執行結構方程模式分析。

輸入路徑圖，適當地給定初期值，即可執行結構方程模式分析！

知識補充站

蘋果創辦人史蒂芬・賈伯斯經典名言系列之四

1. 如果你把每天都當成最後一天來過，總有一天你會證明自己是對的。

　　賈伯斯十七歲時曾讀過一句話：「如果你把每天都當成最後一天來過，總有一天你會證明自己是對的。」這句話對他影響甚深。過去三十三年來，他每天早上會對著鏡子說：「如果今天是我生命中的最後一天，我還會想做今天要做的事嗎？」每當遇到生命中的重大抉擇時，只要想到將不久於人世，便可以幫助你做出決定。

2. 你必須要找到你所愛的東西。

　　賈伯斯相信如果他沒有被蘋果公司解雇，這一切都不會發生。生命有時會給你迎頭痛擊，但不要失去信念。支持他繼續走下去的唯一理由就是他深愛他的工作，而你也必須找出你的所愛。你的工作占據了生活大部分的時間，因此，唯有相信自己做的是偉大的工作，才能真正獲得成就感。如果你還沒找到，繼續找。

2-4 結構方程模式分析的主角是潛在變數(1)

■要弄清楚觀測變數、潛在變數

將結構方程模式分析的代表性特徵，再次整理如下：

結構方程模式分析的特徵有：

(a) 能將統計資料的背後「看不見者」予以具體化。
(b) 可以將統計資料的背後「要因」內的關係定量化。
(c) 利用路徑圖即能以「視覺的方式」進行資料分析。

此處，請看 (a) 與 (b)。利用「看不見者」、「要因」等的用語，雖然印象式的理解是很重要的，但在學習統計上卻有招致誤解之虞。因此，本節擬將這些加以適切予以定義。請看以下的資料。

No	美國網路利用度	美國 PC 利用度	日本網路利用度	日本 PC 利用度
1	3	4	4	4
2	3	2	2	5
3	4	4	4	1
4	5	5	4	4
5	4	5	4	5
6	3	5	5	5
7	5	5	5	5
8	2	1	4	5
9	5	5	4	4
10	5	5	5	5
11	5	5	4	5
12	5	4	3	2
13	5	5	4	5
14	4	4	5	5
15	5	3	5	5
16	5	5	3	4
17	5	5	5	5

No	美國網路利用度	美國 PC 利用度	日本網路利用度	日本 PC 利用度
18	5	5	5	4
19	2	5	5	5
20	2	3	4	4
21	5	5	5	5
22	4	4	4	2
23	5	5	5	5
24	3	4	3	3
25	5	5	4	3
26	5	3	5	5
27	5	5	5	5
28	5	4	5	5
29	4	4	5	5
30	1	1	5	5

此資料的第一列的項目欄中的「網路利用度」、「PC 利用度」稱為變數。

特別是實際上當作資料被觀測的變數，在結構方程模式分析中稱為觀測變數（observed variable）。[註2]

觀察此資料後，假定具有如下的感想。

「網路利用度」與「PC 利用度」愈多的人，「IT 度」應該是愈高。因此，以此「IT 度」無法分析資料嗎？又，日本與美國的「IT 度」應該是不同的。想調查日本與美國的「IT 度」的關係。

[註2] 被資料所明示的變數，在統計學的書中稱為變量，藉此與機率變數區分的情形也有。本書將這一切均稱為變數。

2-5 結構方程模式分析的主角是潛在變數(2)

試利用之前所調查的路徑圖來表示。表示的方法很簡單，只要將剛才的想法照樣圖示即可。

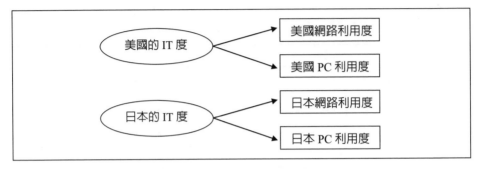

圖 2-5　日本與美國的 IT 度

此「日本的 IT 度」與「美國的 IT 度」，從資料來看是無法直接觀測的抽象要因。結構方程模式分析的最大優點就是可以詳細地討論除觀測變數以外，在其背後潛藏的此種要因之關係。在結構方程模式分析當中，此種要因稱為構成概念，表現此構成概念的變數稱為潛在變數（latent variable）。

在結構方程模式分析當中，表現此構成概念的變數稱為潛在變數。

一般來說，意見調查的詢問項目或統計資料的項目名稱等均為觀測變數。相對的，假定背後存在有控制的要因時，將它看作變數即為潛在變數。可以自由操弄此潛在變數，可以說是結構方程模式分析的最大特徵。

此類似木偶劇的「木偶」與「操弄木偶的人」之關係。表面看得見的部分是木偶（亦即觀測變數），在背後移動的是操弄木偶的人（亦即潛在變數）。使用結構方程模式分析，不僅木偶的移動，原本看不見的「操弄木偶的人」之關係也可明確。

如利用此觀測變數、潛在變數的用語時，結構方程模式分析的特徵可以簡潔地整理成如下。

結構方程模式分析的特徵：
(a) 將觀測變數與潛在變數之關係定量化。
(b) 可以將數個潛在變數之關係定量化。
(c) 利用路徑圖能以視覺的方式分析觀測變數與潛在變數之關係。

觀測變數與潛在變數是結構方程模式分析的主要概念。請熟悉此用語。

將結構方程模式分析擴張之後的統計學手法中，有所謂的「平均結構分析」。

過去的結構方程模式分析，是爲了調查以變數與共變異數爲媒界的變數間的關係，無法就平均加以討論，可是，擴張結構方程模式分析的手法後，平均也就能加以討論。此即爲「平均結構分析」。如利用此手法時，譬如，先前所例示的日本與美國的「IT 度」，後者較高也能調查。此種擴張的容易性，也可以說是結構方程模式分析的特徵。

「平均結構分析」，也是結構方程模式分析的擴張。

2-6 理解結構方程模式分析所需知識

■最少要理解變異數、共變異數、迴歸係數

結構方程模式分析能自由自在地調查觀測變數與潛在變數之關係，此點與以往的統計分析方法畫出了一道鴻溝。

但是，結構方程模式分析為了無愧於統計學的科學之名，有需要「定量式的進行討論。」並非感性的描述，而是要呈現出具體的數值以表現有「如此的關係」。

那麼，如何以數值的形式進行具體的討論呢？它需要以下三項：

(a) 平均、變異數、共變異數等的統計學的基礎。
(b) 迴歸係數等的迴歸分析的基礎。．
(c) 估計與檢定的基礎。

理解結構方程模式分析，需要統計學的知識。

本書對於 (a) 的統計學的基礎內容當作已知。如果對於 (a) 感到陌生，不妨先閱讀附錄 1～5。想必可得到結構方程模式分析所需的基礎知識。

(b) 的迴歸分析的知識，在路徑係數的解釋上有時會利用，因此對迴歸分析的簡單解說請參附錄 7。如果全無迴歸分析的知識時，請利用此附錄。

如有 (a)、(b) 的知識時，即可對結構方程模式分析做概略的討論。譬如，圖 2-6 是結構方程模式分析所使用的 Amos 軟體的輸出結果。變數或箭頭上所附加的數值，相當於變異數、共變異數、迴歸係數之值。

(c) 的估計與檢定是用在模式的評估上。具體來說，可以使用常態分配的檢定與 χ^2 檢定。

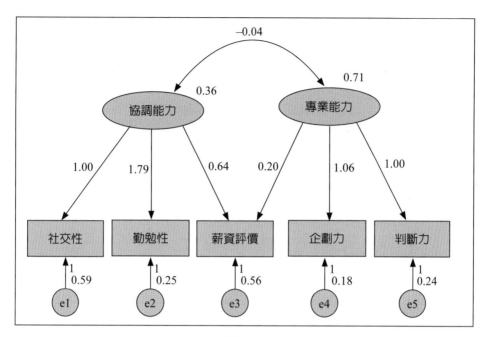

圖 2-6

圖 2-6 是 Amos 軟體輸出的結果。

2-7 結構方程模式分析的基本體系

■將資料的本質圖像化者是路徑圖

統計學的一大目標是在於以簡單的模式說明複雜的統計資料。以 1 個變數的資料作為對象的統計學中，平均與變異數是統計模式的基礎。如能求出此兩個代表值時，幾乎可以進行統計學上的討論。

可是，如果是多變量（多變數）的資料時，只是平均與變異數，模式是無法完成的。那是因為變數間之關係，必須包含在模式之中的緣故。

結構方程模式分析是以路徑圖表示複雜的變數間之關係。像這樣，能以圖像表現關係之處，是結構方程模式分析的優點。

■按照如此即可決定模式

要如何才能讓資料適配以路徑圖所畫出的模式呢？結論如下。

> **路徑圖的模式決定**
> 從路徑圖所表現的模式中所求出的變異數與共變異數，為了能最適配於由資料所得出的變異數、共變異數而決定出模式的參數。

亦即，在許多的統計量中，「就變異數與共變異數來說，使理論值與實測值脗合之下決定模式」，即為結構方程模式分析的計算原理。並且，這也是結構方程模式分析之名的由來。

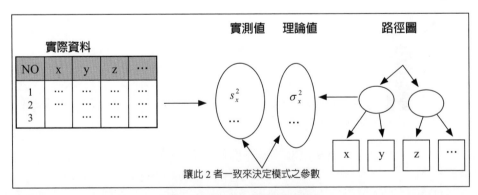

圖 2-7　模式決定之圖像

在路徑圖所表示的模式中，包含有變異數、共變異數、路徑係數等三個值。譬如，圖 2-8 是以潛在變數為例，說明這些值的使用方式。

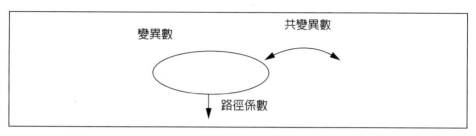

圖 2-8　一部分的路徑圖

結構方程模式分析是決定此圖中所表示的值（稱為參數）。然後，利用這些值得出各種的結論。以決定的邏輯來說，結構方程模式分析採用的原理是盡可能使之與資料的變異數、共變異數一致之下來微調路徑圖。

請再看一次上面所表示的路徑圖（一部分）。從此圖似乎可以了解到變異數是結構方程模式分析的基礎。當繪製路徑圖時，雖然箭頭是由變數出發，但它的「根部」之值卻是變異數。

事實上，變異數可以想成是表示該變數所具有的資訊量。利用可以說明多少變數的變異量，來表現分析的精確度的情形也有。

譬如，在迴歸分析中，由迴歸式所計算的變異數，在原本的變異數中所占的比率稱為判定係數，當作該迴歸式的精確度的指標。

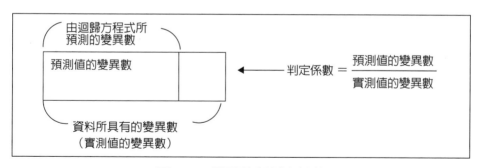

圖 2-9　變異數與判定係數

變異數是指「變數所具有的資訊量」，從此觀點來看，與向來的多變量分析是一樣的，在結構方程模式分析中也是重要的想法。並且，盡可能忠實地重現資料的變異數・共變異數來決定模式的參數，此結構方程模式分析的原理，用另一種說法來說，即為：

結構方程模式分析的原理
盡可能重現資料所具有的資訊下，以決定模式的參數。

小博士解說

變異數是資料含有資訊量的指標

　　在理解變異數是表示資料所含的資訊量方面，不妨想想變異數為 0 之資料。該資料全部是由平均值成立的資料。簡言之，是指單一值的無用資料亦即「無資訊的資料」。舉例來說，可以說是「向螞蟻群體進行意見調查」一樣的資料。

第3章
結構方程模式分析的體驗

結構方程模式分析是多變量分析的一個工具。結構方程模式分析比以往的多變量分析簡單。因此，本章試著想使用具體事例調查結構方程模式分析。即使沒有預備知識，想必也可享受結構方程模式分析的樂趣。

3-1 結構方程模式分析是新世代的多變量分析(1)

■結構方程模式分析是多變量分析的一個工具

第一章說明過結構方程模式分析的特徵。可是，太過流於模糊不清的一般論，反而也許無法掌握它的意義。因此，本章想使用具體事例調查結構方程模式分析。即使沒有預備知識，想必也可享受結構方程模式分析的樂趣。

試觀察以下的資料看看。這是針對某顧問公司 40 名員工所收集的一部分資料（完整的資料請參照附錄 15 或數據檔 data_appendex15）。與營業、銷售等有所不同，像顧問公司之類的服務業是不易進行勤務評價的。因此，該公司針對 4 個項目讓管理者評價，將它與目前的薪資評價並列看看。它的結果即爲如下資料。

調查項目的「社交性」、「勤勉性」、「企劃力」、「判斷力」是以 10 級來表示。最後的「薪資評價」是以 5 級來表示目前的核定。

當看到如此的資料時，會想到什麼呢？

也許有人會認爲「No.2 的員工有點混」。此種各個數據的批評雖然也是重要的分析，但資料分析的價值並不在於此處。

表 3-1 工作評價表（部分資料）

員工 No.	社交性	勤勉性	企劃力	判斷力	薪資評價
1	7	6	7	8	5
2	4	5	5	4	2
3	6	8	4	4	4
4	5	5	5	5	4
5	6	6	4	5	3
6	6	5	6	6	3
7	4	4	6	6	4
8	4	6	6	6	4
9	4	5	5	6	4
10	6	6	4	4	5

像這樣，由複數個項目所形成的資料，稱爲由多變數所形成的資料。所謂變數[註1]是指「社交性」和「勤勉性」等之項目。分析由此種多變數所形成的資料之價值，正是調查哪一變數對哪一變數有何種的關係。

[註1] 資料中的變數也稱為變量，本書則使用變數之用語。

　　譬如，想調查目前的「薪資評價」與哪一變數有密切的關係。此事如果知道時，即可從事有效率的工作方式。在此分析之下，即可就目前的薪資評價的妥當性加以討論。

　　像以上的例子，分析變數間之關係，是分析多變數之資料時的主要課題。並且，提供此種分析的武器即為多變量分析。本書所調查的結構方程模式分析是多變量分析的一項工具。

結構方程模式分析是多變量分析的一項工具。

表 3-2　單一變數與多個變數之資料表

No.	x
1	23
2	80
3	7
4	5
5	42
6	67

No.	x	y	z
1	23	37	98
2	80	66	18
3	7	74	100
4	5	50	3
5	42	10	89
6	67	11	45

　　左邊之資料表是單一變數，右邊之資料表是多個變數，多變量分析是分析右邊的資料。

3-2 結構方程模式分析是新世代的多變量分析(2)

■路徑圖是結構方程模式分析的特徵

結構方程模式分析的最大特徵之一是一面與稱之為路徑圖的直覺式圖像對話,一面進行分析。此路徑圖事實上是可以很簡單畫出的。

譬如,觀察前面的資料,假定想成「勤勉性」與「企劃力」之變數對「薪資評價」造成影響。表示此事者即為圖3-1。

出現在資料中的觀測變數以四方形表示。接著,「造成影響」的因果關係以單向箭線(稱為路徑)表示。

> 路徑圖是結構方程模式分析的特徵。

並且,認為「薪資評價」也受到除「勤勉性」與「企劃力」以外的影響,因之有需要加入誤差項。因此,此誤差項以圓形表示。另外,「勤勉性」與「企劃力」並非獨立,應該是有某種的關連。因此,此2變數以雙向箭頭(◀─▶)連結。

依據以上的約定,試解釋剛才的圖形。

> 「薪資評價」是受到相互有關的「勤勉性」與「企劃力」之影響,也包含有僅此兩者仍無法說明的「誤差」。

解釋也可以很簡單!像這樣,路徑圖是非常容易了解的。一面利用簡明的圖形一面進行分析,是結構方程模式分析的出色之處。

話說,如可組合此種路徑圖的元件(指正方形、橢圓形、圓形及箭線等),不論多複雜也都可以繪製精緻的路徑圖。

因此,對於以往的多變量分析所難以處理的複雜資料,可以建構更合適的柔軟模式並進行分析。

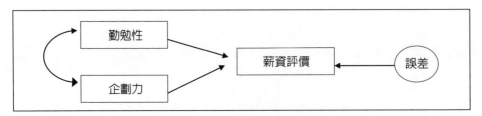

圖 3-1　路徑圖的表現方式

　　另外，組合路徑圖的元件可以自由的製作出模式，也意指可以包含過去常用的多變量分析的分析方法。請再看看先前所表示的路徑圖。事實上，此即爲圖示稱爲「迴歸分析」的手法。

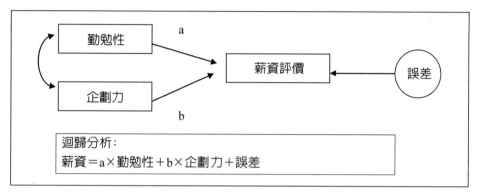

圖3-2　迴歸分析與路徑圖

> 迴歸分析是多變量分析的一種手法，並予以圖示化者，即爲先前的路徑圖。

　　迴歸分析是多變量分析的一種手法，它是將目的變數利用其他變數的關係式來表現，想像該關係式（迴歸方程式）並予以圖示化者，即爲先前的路徑圖。

■結構方程模式分析比以往的多變量分析較爲簡單

　　如以上所述，結構方程模式分析是了不起的分析技術，相反地，如果以理論的方式精密地去進行就會顯得困難。事實上，對於結構方程模式分析，若想仔細地說明計算原理時是頗費周章的。統計學的知識自然不用說，甚至也要具備解析向量、矩陣等高度的數學知識。因此，許多的結構方程模式分析的解說書中每頁都是複雜的式子。

　　可是，理解結構方程模式分析的基礎，實際利用本身並不會太難。如先前所調查的那樣，可以一面利用路徑圖一面，以直覺的方式進行統計分析。並且，困難的計算只要交給電腦的軟體即可。因此，爲了掌握結構方程模式分析的大略概說，可以好好利用本章。細節的部分容後敘述，本章介紹結構方程模式分析的全體像。先掌握大略的概況，小的問題事後再去解決。

知識補充站

結構方程模式分析的出發點

　　結構方程模式分析是從心理學出發的。心理學是研究「調查結果的背後所潛藏的因素」。單純地分析這些因素的是因素分析，但結構方程模式分析是爲了也能分析這些因素間的關係所想出來的方法。此結合路徑圖，形成現在的形式。

3-3 將關係、原因、結果圖像化的路徑圖(1)

■試描畫路徑圖

前面曾敘述過結構方程模式分析的一個優點，就是可以一面利用路徑圖，一面以直覺的方式進行分析。因此，承接前節，試調查此路徑圖的畫法。

再次考察 3-1 節最初所揭載的「員工」的資料。

表 3-3　工作表

NO.	社交性	勤勉性	企劃力	判斷力	薪資
1	7	6	7	8	5
2	4	5	5	4	2
3	6	8	4	4	4
4	5	5	5	5	4
5	6	6	4	5	3

根據此資料來調查社交性、勤勉性等對員工的各種評價分別是有何種關係，以其中的一個備選方案來說，作出了如下的關係圖（路徑圖）。

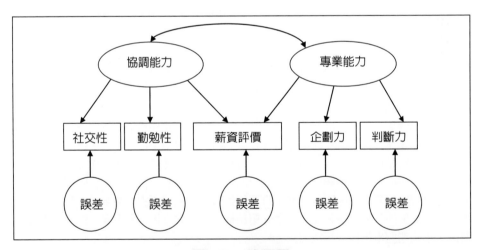

圖 3-3　路徑圖

此圖是照著所想像的形像隨意畫出。此圖所表示的關係是否正確並不明確，但是姑且作為出發點採用看看。

　　儘管「照著所想像的形像隨意畫出」，但是仍有最少要遵守的約定。因此，本節試就路徑圖的規定加以整理。

　　第 2 章已說明過路徑圖的基本要件，此處再行整理如下。

製作路徑圖的規則：
(a) 單向箭頭（───▶）是表示原因與結果之關係（即因果關係）。
(b) 雙向箭頭（◀───▶）是表示相互有關連。
(c) 四方形是表示能由資料觀測的變數（觀測變數）。
(d) 橢圓是表示無法直接觀測的變數（潛在變數）。
(e) 圓表示誤差（誤差變數）。
　───▶：原因與結果之關係。
　◀───▶：相互有關連。
　▭：能由資料直接觀測的變數（觀測變數）。
　⬭：無法由資料直接觀測的變數（潛在變數）。
　◯：誤差（誤差變數）。

　　在以上的約定之下，試解讀前面的路徑圖看看。

先記住約定，再解讀前面的路徑圖。

3-4 將關係、原因、結果圖像化的路徑圖(2)

■解讀路徑圖

首先,假定「員工均有協調能力與專業能力兩個能力」。可以想成員工的評價是以此2個能力來確定的。

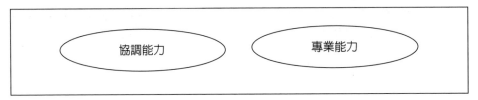

圖3-4 潛在變數

但是,此等「協調能力」與「專業能力」是無法由資料的表面直接觀測,因之當作隱藏的變數(潛在變數)來處理。依據規定以橢圓表示。

統計學中變異數具有重要的意義。以直覺的方式來說,是表示變數具有的資訊量。因此,有時想將該變異數之值記入到剛才的變數中。此時,可記入到橢圓框的右上方。

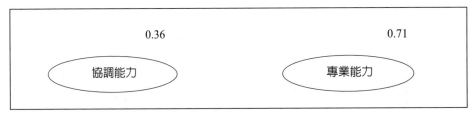

圖3-5 變異數之值加上潛在變數的右上方

那麼,此2個能力是相互間無關係完全獨立的能力嗎?完全無「協調性」的人,常見到也是欠缺「專業性」的。因此,對於此2者最好想成「有關係」,因之以雙向箭線(←→)連結。

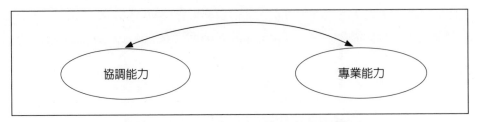

圖3-6 表示2個能力是相互間有關係

「關係」的強弱在統計學中是以共變異數來表示。因此，在此雙向箭線的上方記入共變異數之值。譬如：

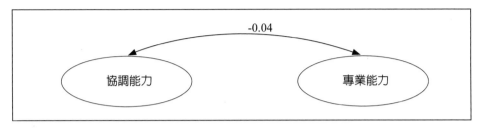

圖 3-7　共變異數之值加在雙向箭線上

話說，「協調能力」與「專業能力」等看不見的變數（潛在變數）是在何處表現它的姿態呢？它是出現在資料的變數（亦即「社交性」與「勤勉性」等）之中。譬如，「專業能力」此種看不見的能力，姑且假定是在「企劃力」與「判斷力」中表現。

像這樣，「協調能力」或「專業能力」此種潛在變數對對資料之中的觀測變數造成影響的形像，以單向箭線，亦即路徑表示之。

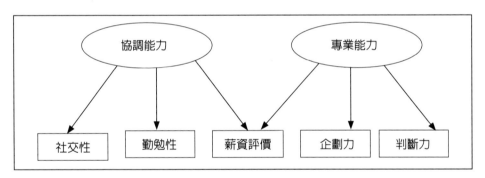

圖 3-8　觀測變數與潛在變數

觀測變數是受潛在變數所支配。這也可想成「原因與結果」。關係的強度是以此箭線上所加上的數值來表現。此數值稱為路徑係數。

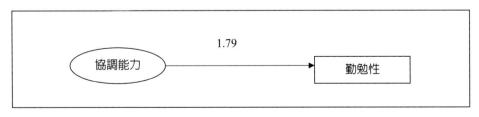

圖 3-9　路徑係數

單向箭線朝向潛在變數的情形也有。譬如，假定潛在變數 f 對潛在變數 g 有影響時，在路徑圖中是以如下來表現。

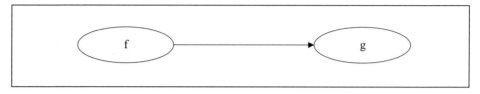

圖 3-10　潛在變數間之表現方式

然而，在以上的單純模式中，也有無法說明資訊者。像「社交性」與「企劃力」等，只以「協調能力」與「專業能力」2 個能力即可完全說明的情形是沒有的。因此，加入誤差。對誤差也當作變數來處理。

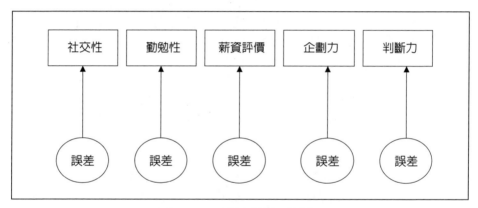

圖 3-11　誤差與觀測變數

■路徑圖的解讀完成後，接著是？

　　以上是最初所表示之路徑圖的說明。是否覺得簡單明瞭呢？即使是說明需要多費唇舌者，路徑圖也能簡潔地表現。並且，它能直覺地表現出觀測變數與潛在變數之間的關係。這些都是路徑圖的優點。

　　以下的步驟是路徑圖的數量化。如果無法以數量的方式討論，那麼結構方程模式分析就會有愧於統計學的科學之名。關於此點，容另一章節再行說明。

Note

3-5 計算交給電腦

■畫好了路徑圖，接著就讓電腦計算

結構方程模式分析是一面畫路徑圖，一面進行資料的分析。路徑圖是依據分析者的知識與路徑，按照所喜歡的方式去繪製即可。

今假定繪製完成了路徑圖。譬如，依據前節的資料畫出了如下的路徑圖。

但是，只是隨興地任意畫路徑圖是無法進行統計分析的。如果只是畫圖，那麼與幼兒園的「漫畫」是相同的。為了進行統計分析，必須將路徑圖中所表示之變數間的關係數值化，並進行適當地評價才行。

儘管如此，將路徑圖所表示的變數間之關係，實際地進行數值化並非容易。結構方程模式分析的計算甚為費事，無法以筆紙進行。但也不用擔心，因為已有電腦專用的統計分析軟體。如果能夠好好利用，瞬時間即可將路徑圖上的變數之關係數值化。本書，在關係的數值化上是利用如下的軟體。

NO.	社交性	勤勉性	企劃力	判斷力	薪資
1	7	6	7	8	5
2	4	5	5	4	2
3	6	8	4	4	4
4	5	5	5	5	4
5	6	6	4	5	3

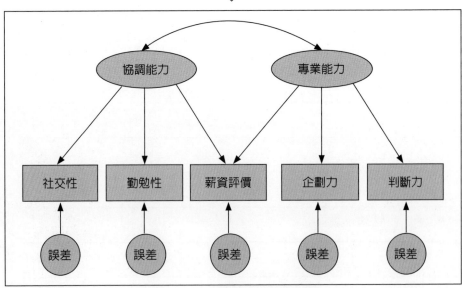

圖 3-12　數據表與路徑圖

Amos（Analysis of Moment Structure）；由 James L. Arbuckle 所開發。

　　Amos 是價錢甚高的軟體，但免費學生版（student version）可從網路下載。免費版雖有功能上的限制，但以本書所處理的資料來說是綽綽有餘的。

　　最近的結構方程模式分析的許多軟體，均可如圖 3-12 那樣簡單地輸入路徑圖。並且可以馬上執行計算。

　　如前述，結構方程模式分析的計算甚為費事，無法以筆紙計算。反過來說，由於可以取得此種統計分析軟體，因之結構方程模式分析即變成了強力的統計分析手段。對於使用 Amos 的實際計算來說，容下節說明。

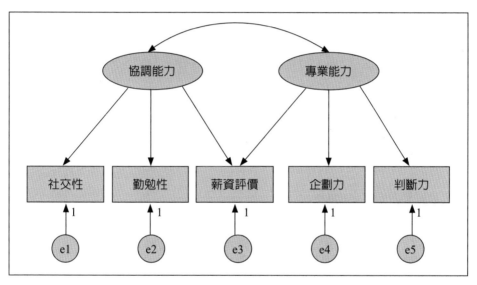

圖 3-12　數據表與路徑圖（續）

知識補充站

Amos（免費學生版）的取得方法

　　以結構方程模式分析的專用軟體來說，最有名且最容易使用的是 Amos。如利用此軟體，只要畫出路徑圖即可自動地執行計算。

　　Amos 雖然是高價位的軟體，但有適合學生、較小型的教育版（student version）免費提供。本書所處理的資料，此教育版是足夠的。[註2] 此軟體可從以下的網頁下載。

　　學生試用版下載 https://www.ibm.com/tw-zh/marketplace/structural-equation-modeling-sem

　　有關安裝或用法請參附錄 11~14。

─────────────

[註2]　教育版有功能上的限制，變數在 8 個以下，估計的母數個數在 54 個以下。

3-6 初期值的設定與識別問題(1)

■只是畫圖，模式是無法識別的

那麼使用 Amos 來操作看看。將資料與所製作的路徑圖輸入到結構方程模式分析所使用的軟體時，即可自動地執行計算，應該是可以得到解析結果。實際上情形如何呢？

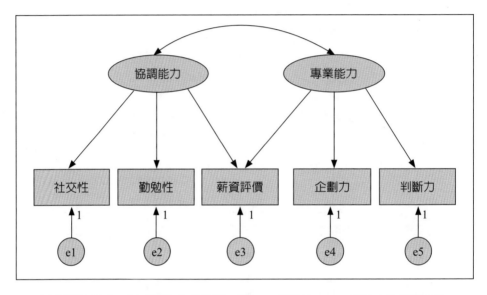

可是實際執行時，很遺憾地出現錯誤。譬如，下圖是 Amos 所輸出的錯誤訊息。

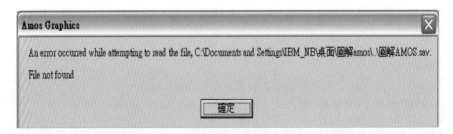

冷靜地思考時，出現錯誤是理所當然的。再度回顧目前的過程。首先，本章的第 1 節是資料已有提供。接著第 3 節是製作出路徑圖，並任意地解釋它。可是該路徑圖總是有點模糊不清。在進行數值性的討論上，條件過於寬鬆。這有如捕魚的網如果過粗時，就補抓不到魚（相當於以路徑圖所表現的模式）。

　　雖然看了資料製作了路徑圖，但將此圖與數值的分析結合時，要減少「不明」的地方，且縮小範圍才行。

　　像這樣，在路徑圖上要加上何種的條件才能進行數值的分析，調查此問題稱為**識別性問題**。在結構方程模式分析的實際計算中，此處是最麻煩的地方。

■解決識別性問題

　　為了解決識別性問題，基於經驗與邏輯提出各種的條件。此處，對潛在變數部分設定初期值，利用最基本的解決條件來克服問題。

　　首先，考慮潛在變數的「協調能力」與「專業能力」。

　　應該注意的事情是，對於這些「能力」的絕對量並未有什麼任何規定。畢竟是抽象的，應該是沒有事先已決定的量。因此，反正是未定時，潛在變數「協調能力」與觀測變數「社交性」的連結強度（路徑係數）成為 1 的量，當作「協調能力」的量採用看看。

　　表示連結強度的路徑係數，是取決於箭頭的始端（即為原因）之變數的量。因此，該路徑係數為了能成為 1，就要調整「協調能力」的量。

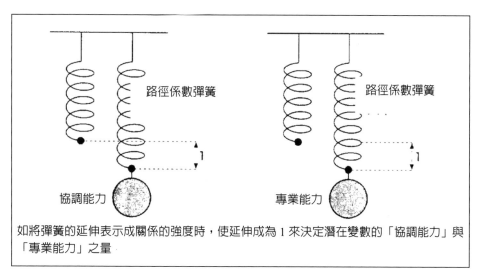

如將彈簧的延伸表示成關係的強度時，使延伸成為 1 來決定潛在變數的「協調能力」與「專業能力」之量

圖 3-13　彈簧的展延與路徑係數

　　試將此假定記入路徑圖上看看。如圖 3-14，路徑係數記在路徑的旁邊。

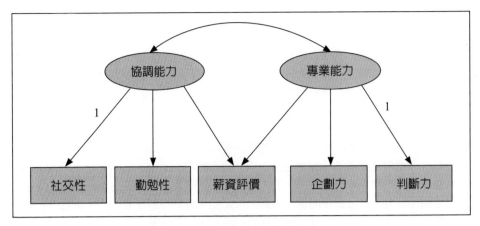

圖 3-14　路徑係數設定為 1

　　以同樣的理由，對於由誤差延伸的路徑，也是採用與對方連結之強度（路徑係數）成為 1 的測量單位。

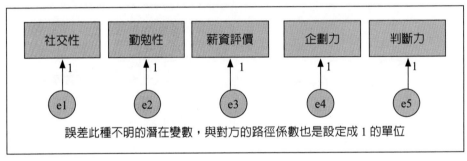

誤差此種不明的潛在變數，與對方的路徑係數也是設定成 1 的單位

圖 3-15　誤差的路徑係數

Note

3-7 初期值的設定與識別問題(2)

■路徑圖的條件設定完成，接著是計算

試將目前所調查的所有條件，一併記入到路徑圖看看。

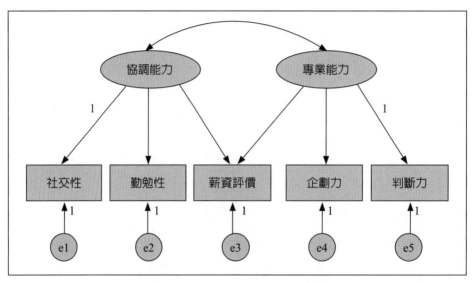

圖 3-16　設定完成的路徑圖

　　適當選擇潛在變數的測量單位之操作，也許被視為很牽強。可是，如此圖整理成 1 個時，它的意義就變得明確。亦即，即使適當地決定出連結對方的強度，如適當地調整潛在變數的「協調能力」、「專業能力」、「誤差」之值時，不管怎樣均可作出正確的模式。那麼，將以上初期決定的路徑圖，輸入到統計分析軟體，讓它執行計算看看。

小博士解說

結構方程模式分析的軟體

結構方程模式分析的計算甚為費事，無法以筆紙計算。計算就交給電腦吧。

Amos（Analysis of moment structure）

SAS（Statistical Analysis System）

LISEL（linear Structure Relations）

EQS（Structural Equation Modeling Software）

本書是利用統計軟體中最容易使用的 Amos。以 Amos 畫出圖之後，可以自動執行計算。

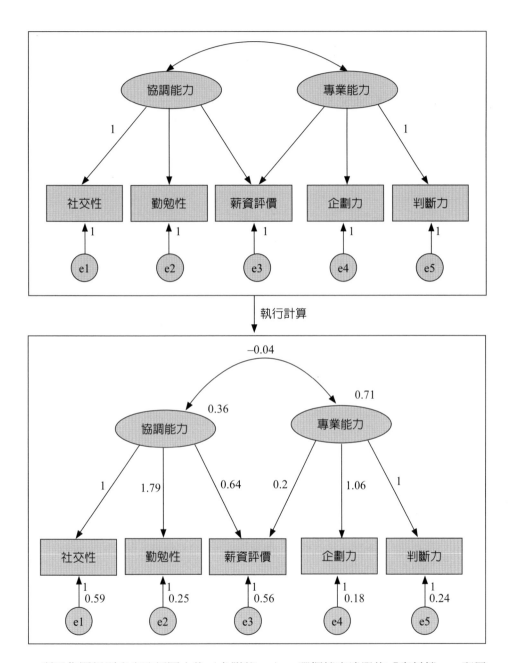

利用作圖規則畫出路徑圖之後（參附錄 12），選擇檔案清單的「資料檔」，配置附錄 15 的數據之後，選擇「分析」清單中的「計算估計值」。如此，Amos 即開始分析計算。附錄 15 的資料是輸入到 Excel，再配置到 Amos 也是很方便。

終於得出了計算結果。解決了識別性問題。

對於軟體的計算結果，可以表示各種數值。關於這些看法，從下節將依序說明。

3-8 分析結果的解釋：路徑係數(1)

■以式子表現計算結果

觀察所給予的資料（3-1 節）並繪製路徑圖，且構想出關係模式（3-2 節）。

根據此，由電腦執行結構方程模式分析的計算。接著，如圖 3-17 得出分析結果的數值。

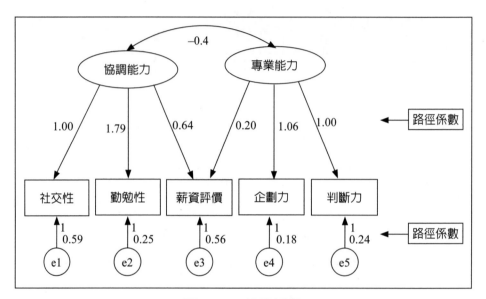

圖 3-17　路徑係數

從本節起試調查以上的計算結果的意義。此處，擬調查記入路徑中之數值（路徑係數）。

路徑係數是表示箭線的「始端變數」影響箭線的「終端變數」有多少的一種數值。

作成具體的數式時，表示如下的意義。

以具體的數式表示時，
即爲如下意義。

社交性 = 1.00× 協調能力 + 1× 誤差（e_1）　　　　　　　　　　①
勤勉性 = 1.79× 協調能力 + 1× 誤差（e_2）　　　　　　　　　　②
薪資評價 = 0.64× 協調能力 + 0.20× 專業能力 + 1× 誤差　　　③
企劃力 = 1.06× 專業能力 + 1× 誤差（e_4）　　　　　　　　　　④
判斷力 = 1.00× 專業能力 + 1× 誤差（e_5）　　　　　　　　　　⑤

　　像這樣，箭線兩端的變數，以路徑係數爲媒介以一次式加以結合。以如此的一次式結合變數的有名的方法，正是多變量分析中的迴歸分析。在迴歸分析中，將這些一次式（通常不列入誤差）稱爲迴歸方程式，變數的旁邊加上的係數稱爲迴歸係數。如借用此用語，路徑係數可以如下解釋。

路徑係數可說是表現迴歸係數的一種方式。

3-9 分析結果的解釋：路徑係數(2)

■計算式子時可看出路徑係數的意義

試利用迴歸分析的有名手法，將式子略為展開。譬如，試估計「勤勉性」的變異數看看。由 3-8 節②式經簡單的計算，

「勤勉性」的變異係數 $= 1.79^2 \times$「協調能力」的變異數
$\qquad\qquad\qquad + 1^2 \times$「誤差（$e_2$）」的變異數【註3】

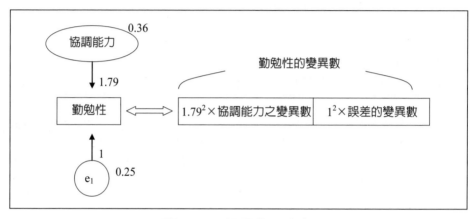

圖 3-18　變異數之內容

由此可以解讀如下關係。

路徑終端變數的變異數占有率 $=$（路徑係數）$^2 \times$（路徑始端變數的變異數）

變異數可以掌握變數所具有的資訊量（第 1 章）。於是，右邊的

$\qquad\qquad$（路徑係數）$^2 \times$（路徑始端變數的變異數）$\qquad\qquad$⑥

可以想成是路徑始端變數在終端變數之中所占有的資訊量。這是路徑係數所具有的重要性質。【註4】

【註3】　關於此計算，請參閱附錄 7。
【註4】　以上的結果與將②式想成迴歸方程式時之迴歸分析的結論相同。

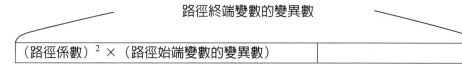

路徑終端變數的變異數

（路徑係數）^{2} ×（路徑始端變數的變異數）

圖 3-19　終端變數之變異數

那麼，試著從實際所計算出來的路徑圖，解釋與「勤勉性」有關聯的變異數與路徑係數之值看看。由先前的圖，可以得出表 3-4。

表 3-4　變異數、路徑係數

	協調能力	誤差（e_3）
變異數	0.36	0.25
路徑係數	1.79	1.00
（路徑係數）^{2}×（路徑始端變數的變異數）	1.15	0.25

如此一來，即可求出在勤勉性中「協調能力」與「誤差」所占之變異數的估計值為 1.15 與 0.25。試由此表之值，以明確的尺度描畫先前所表示的圖。

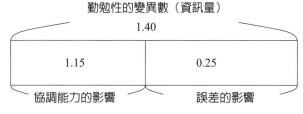

勤勉性的變異數（資訊量）

1.40

1.15	0.25
協調能力的影響	誤差的影響

圖 3-20　勤勉性的變異數

由此知觀測變數「勤勉性」的資訊量能運用潛在變數的「協調能力」清楚說明。此外，由圖可求出觀測變數「勤勉性」的變異數的估計值。

$$「勤勉性」的變異數的估計值 = 1.15 + 0.25 = 1.40 \qquad ⑦$$

「勤勉性」的變異數可由資料直接求出，平均是 $\bar{x} = 5.33$，所以

$$「勤勉性」的變異數的實測值 = \frac{\left(6 - \bar{x}\right)^2 + \left(5 - \bar{x}\right)^2 + \cdots + \left(5 - \bar{x}\right)^2}{40} = 1.42$$

知以⑦所提供的計算值是優良的估計值。

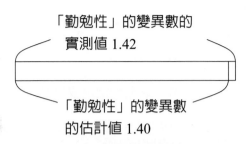

圖 3-21　勤勉性變異數的實測值與估計值

附帶一提，潛在變數「協調能力」的資訊量占觀測值「勤勉性」的比率即為如下：

$$\frac{1.15}{1.42} = 81\%^{【註5】}$$

　　至目前為止有數頁是在估計「勤勉性」的變異數。並且，查明了路徑係數是表示路徑始端變數的影響度的重要量。

　　以同樣的方式對其他的變異數也可估計變異數或共變異數之值。像這樣，如可求出基本的路徑係數與變異數之值時，利用計算可以求出其他的所有的資訊量[註6]。

　　並且，如⑥式所表示的那樣，路徑係數在規定路徑始端變數的資訊量上扮演重要的任務。

[註5] 將②式「想成」迴歸方程式時，在迴歸分析中此 81% 稱為判定係數。

[註6] 將基本的路徑係數、變異數、共變異數在路徑途中稱為模式的參數。

Note

3-10 分析結果的解釋：路徑係數(3)

■實際的計算交給電腦

可是，像這樣所需的資訊量即使是計算一個也是非常累人的作業。因此，要利用統計解析的軟體。可以計算出所需的一切資訊。圖 3-22 是說明以 Amos 所求出的變異數、共變異數之例子。

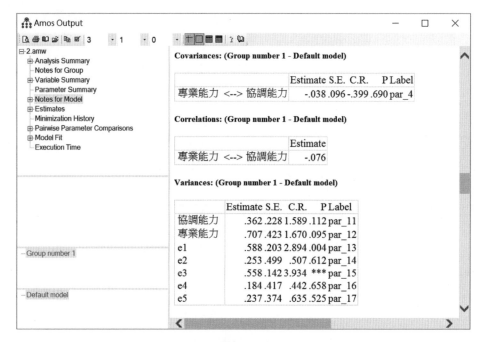

圖 3-22

與「勤勉性」的變異數的情形一樣，將這些的估計值與實際的變異數值比較，是會非常有趣的。知估計值很符合實測值[註7]。

[註7] 實際的變異數之值能以 Excel 簡單求出。

知識補充站

在Amos中估計值的表示

　　在安裝後的預設（Default）狀態中，Amos 並不太提供資訊。選擇顯清單中的「分析性質」，如下圖勾選想顯示的資訊，

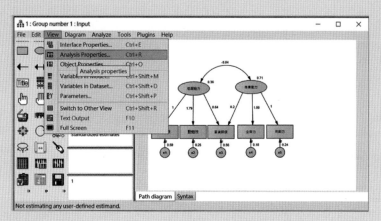

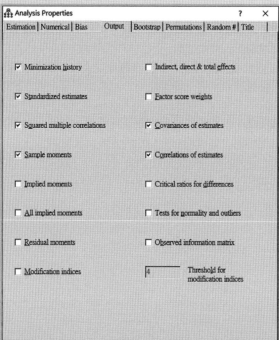

　　如此圖所示，建議至少勾選「標準化估計值」、「估計值的變異數」、「估計值的相關」。

3-11 分析結果的解釋：共變異數

■路徑圖的雙向箭線是表示共變異數

前節已調查過在單向箭線（——▶）的旁邊填入數值亦即路徑係數的意義。並且確認了路徑係數相當於迴歸分析時的迴歸係數。

本節試調查路徑係數的雙向箭線（◀——▶）所填記的數值之意義。

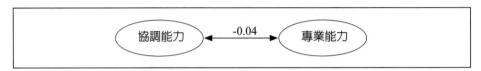

圖 3-23 雙向箭線是表示共變異數

從結論來說，此數值 -0.04 是表示 2 個變異數的共變異數。

所謂共變異數是將 2 變異數的關係使之數值化者。2 變數的共變異數，是兩者以對等的主場表示其關係。亦即，將 2 變數之關係的資訊，以最純粹的方式所表現之值。

路徑係數也是表示 2 變數之關係的數值（迴歸係數）。可是，如箭頭有方向那樣，這並非對等關係。這是表現箭頭的終端變數是取決於始端變數有多少。

請看上面的路徑圖。這是表示「協調能力」與「專業能力」的共變異數是 -0.04。值非常的小。因此，知「協調能力」與「專業能力」也可以想成是獨立的能力（無關係）[註8]。

因此，目前所調查的路徑圖，知作成更簡單的圖是較佳的，如圖 3-24 所示。

相關係數 ±1 是表最大的相關，愈接近 0，表示無相關（附錄 5）。

[註8] 共變異數是取決於變數單位之量，因此只以單純的數值無法討論 2 變量之關係的大小。此情形，「協調能力」與「專業能力」的變異數分別是 0.36 與 0.71，因之不取決尺度的相關係數是 -0.08。

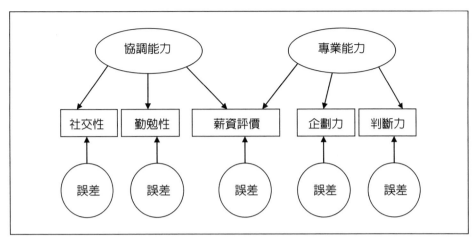

圖 3-24　改良後的路徑圖

　　統計學的目的是「想更單純地理解複雜的資料」。因此，模式愈是簡單，就愈接近統計學的目標。

　　結構方程模式分析是像這樣一面進行對話，一面進行改良，有此種非常方便的性質。

結構方程模式分析可一面進行對話，一面進行改良。

3-12 使分析結果的解釋容易的標準化解

■利用標準化解即能比較路徑係數的大小

如前述，路徑係數依變異數的測量方式，其值會有所改變。路徑係數相當於迴歸分析的迴歸係數。因此，比較在不同箭線上所加上去的路徑係數之值是不具意義的。

可是，想比較相同圖面上的值是人之常情。因此，有助益的是變數的標準化。進行標準化後，即可直接討論單位不同之變數的關係。

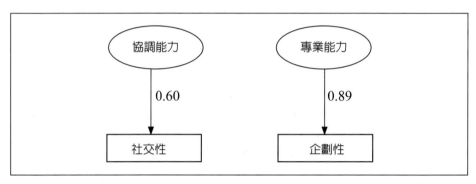

圖 3-25

> **變數的標準化**
> 對變數 x 而言，進行如下變換稱為變數的標準化。
>
> $$z = \frac{x - \overline{x}}{s}$$
>
> 新得到的變數 z 稱為「已標準化之變數」。如附錄 3 中所調查的那樣，此 z 的平均數變成 0，變異數變成 1（標準差也是 1）。

在此標準化解之下，可以直接比較圖中所填入之路徑係數與共變異數。譬如，可以如下表現。【註9】又，許多的文獻中，此標準化解當作分析結果的輸出加以揭示。

【註9】 以原始的數據所分析的分析結果稱為未標準化解。利用最大概似估計法具有尺度不偏性。因此，以簡單的變換可從未標準化解求出標準化解。

「協調能力」對「社交性」之影響（路徑係數）是 0.62，相對的「專業能力」對「企劃力」的影響是 0.90。

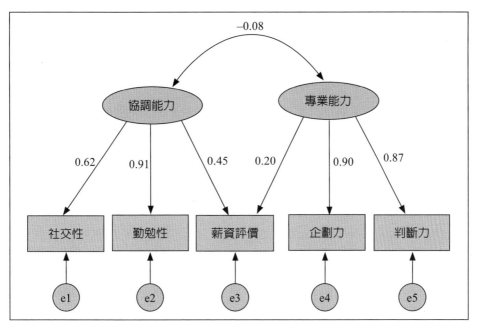

圖 3-26　標準化解

標準化解能使分析結果
的解釋變得容易。

3-13 模式的評價

■要評估所得到的分析結果

瀏覽前面的內容，想必可以理解結構方程模式分析是什麼。略過艱難的部分可以整理成如下。

結構方程模式分析的方法
針對所給的資料，以自己的推測畫出路徑圖，適當地設定初期值再以專用軟體計算。路徑圖上所表示的計算結果，利用迴歸分析與共變異數的知識去解釋。

可是，此處仍不能鬆一口氣。因為，所製作的路徑圖只是以「自己的推測」所製作出來的。此路徑圖所表現之關係模式有多正確，還未評估的緣故。如果路徑圖本身並不適當的話，儘管得出解，此解也沒任何意義。

因此，依照路徑圖所求出的結果，是否能適配資料，需要有測量的指標。可是，結構方程模式分析是很複雜的，並非只要確認分析結果就算是適配資料。因此，調查幾個有名的適合基準，以這些為參考，以自己的經驗再下判斷是一般的做法。

以有名的適合基準來說，介紹 3 個方法。

此處，以有名的適合基準來說，介紹 3 個方法。試利用這些指標，驗證模式的正確性。

1. x^2檢定

這是檢定共變數構造分析的結果最有名的方法之一，利用χ^2檢定來檢定以下假設。

Ho：路徑圖的主張關係是正確的

亦即，求出分析結果與資料的計算值之偏差的χ^2值[註10]，將它適配到χ^2分配，與顯著水準比較。

其他的計算相同，求出路徑圖與實際的資料之偏差的χ^2甚為費事，關於此可利用統計分析用軟體。舉例來說，先說明 Amos 的計算結果。

[註10] 關於 χ^2 值的具體方式請參考第 4 章。在 Amos 中，此 χ^2 稱為乖離度（cmin）。

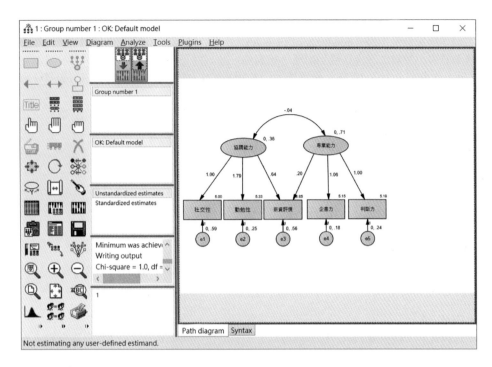

如圖所示，此例的 χ^2 分配自由度是 3。χ^2 分配的自由度 3 顯著水準 5% 的否定域如下（參考附錄 9）。

$$\chi^2 \geqq 7.815$$

以目前的資料與路徑圖的情形來說，χ^2 值是 0.998。因此，並未落入否定域中。因之 Ho 無法捨棄。

雖然並非是積極性的加以檢定，但姑且可承認目前所考慮的路徑圖所表示的關係模式。

Model Fit Summary

CMIN

Model	NPAR	CMIN	DF	P	CMIN/DF
Default model	12	.998	3	.802	.333
Saturated model	15	.000	0		
Independence model	5	60.767	10	.000	6.077

2. GFI

這是指適合度指標（goodness of fit index），與 χ^2 檢定一樣常加以利用。χ^2 分配對樣本的大小較爲敏感容易受到影響，相對的，此 GFI 已將它改善。

GFI 的值是在 0～1 之間，愈接近 1，適合度愈佳，通常 0.9 以上時，可以說是「好的適合度」。

與 χ^2 檢定一樣，統計分析軟體也可求出此值。下圖是 Amos 的輸出結果，出現 0.990 甚高的適合度。可以說過去的努力有所回報。

RMR, GFI

Model	RMR	GFI	AGFI	PGFI
Default model	.035	.990	.950	.198
Saturated model	.000	1.000		
Independence model	.290	.671	.506	.447

3. RMSEA

以模式的「自由度」除「母乖離度值」，來修正母乖離度值受到估計參數個數之影響此種缺點之一種指標。「RMSEA」之值未滿 0.05 時，可以判斷模式的適配佳，值在 0.1 以上之模式適配差而不接受。0.05 到 0.1 的範圍被視爲灰色區域。

RMSEA

Model	RMSEA	LO 90	HI 90	PCLOSE
Default model	.000	.000	.170	.824
Independence model	.361	.277	.451	.000

於分析性質中未勾選「估計平均與截距」時，即可出現 GFI 的指標。

Note

3-14 結果知道了什麼？

■路徑圖是資料的精華

本章為了熟悉結構方程模式分析，暫且不提理論的說明，姑且試著將它執行。並且，也確認了利用軟體可以毫無困難地進行結構方程模式分析。

雖然前面已進行各種的調查，但到底知道了什麼？或許仍有不明之處。因此，以本章的總結來說，試著再度鳥瞰整體看看。

結構方程模式分析是由資料想像路徑圖，再將資料用於路徑圖進行各種的計算。本章也依據此腳本，執行了分析。並且也進行它的評價。

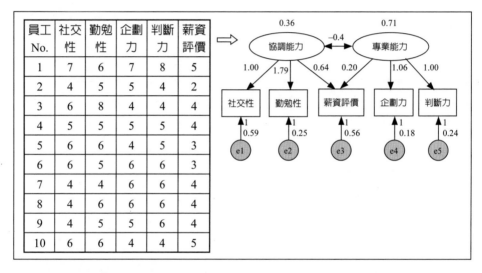

員工 No.	社交性	勤勉性	企劃力	判斷力	薪資評價
1	7	6	7	8	5
2	4	5	5	4	2
3	6	8	4	4	4
4	5	5	5	5	4
5	6	6	4	5	3
6	6	5	6	6	3
7	4	4	6	6	4
8	4	6	6	6	4
9	4	5	5	6	4
10	6	6	4	4	5

透過此種分析可以了解的事情是「資料的構造」，知道「哪一變數與哪一變數之間有怎樣的關係」。

但是，統計學的一大目標是將資料簡化，並理解它的構造。共變數構造分析最重要的分析是將資料中複雜數字的陳列，以表示具體關係的簡單圖形來替換。亦即，以路徑圖的方式從資料取出精華。

路徑圖是以圖示來理解資料，透過路徑圖可以瞬時解讀什麼是重要的，什麼以什麼為媒介，如何影響什麼。結構方程模式分析是把此種路徑圖附上具體的數值提供給我們。

一個變數的資料中，平均與變異數即使說是資料的精華也毫無過言之處。幾乎所有的討論，只用此平均與變異數就很夠用。

可是，如果由許多變數所構成的資料時，只是平均與變異數的簡單數值是難以說明的。變數的個數愈增加，數據的構造就變得複雜，愈不易看出關係。結構方程模式分

析是以路徑圖的此種方式，從複雜的資料中浮現出關係的本質。附有計算結果的路徑圖，可以說是資料的代表圖像。

■潛在變數是結構方程式分析的主角

假定所完成的路徑圖暫且不考慮誤差。亦即，假定能利用誤差變數部分被割捨的路徑圖來說明資料。

如果已忽略誤差項的簡單路徑圖當作可以應用的話，那麼這是非常化繁爲簡的圖。也就是說，資料包含的許多變數以單純的概念即可說明。

譬如，試調查下圖中的勤勉性與薪資評價。以式子表示忽略誤差項的路徑圖時，即爲如下。

勤勉性 = 1.79× 協調能力　　　　　　　　　　　　　　　　　　　　　①
薪資評價 = 0.64× 協調能力 + 0.20× 專業能力
企劃力 = 1.06× 專業能力　　　　　　　　　　　　　　　　　　　　②

數個變數像這樣只以 2 個潛在變數「協調能力」與「專業能力」來說明。統計學的一大目標是在於單純地理解資料。將複雜的多變數資料能以 2 個潛在變數（因素）來說明正是符合統計學的目標。此外，此種簡單的路徑圖如能運用時，即可以單純的概念說明資料所包含的各個數據。

譬如，請看上面的①、②式。勤勉性與企劃力是觀測變數，因之可以求出各個數據值。也就是從這些的①、②式可以求出每一個人的能力。每一位員工的「協調能力」與「專業能力」的具有量，以具體的數字即可得知。過去以抽象的方式所進行的人事評價，也可以客觀的進行。

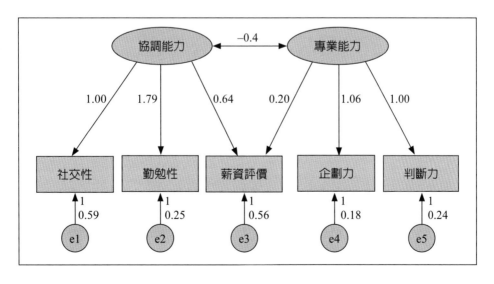

下圖是忽略誤差項的表示。

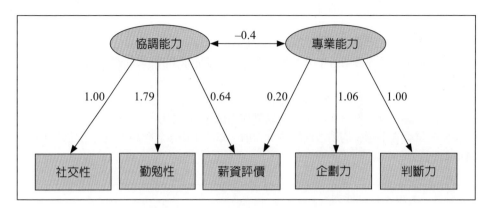

圖 3-27　忽略誤差項的路徑圖

第4章
結構方程模式分析的體系

　　本章使用數式，探討結構方程模式分析。像是共變異數或參數的計算、平方與最小平方法、矩陣等之出現，處理的內容變的略為複雜，但是如果能克服本章，即可以看見曙光。【註1】

【註1】　本章出現甚多數學式子，若讀者不感興趣略去也無礙於了解。

4-1 表示變數之關係模式的路徑圖(1)

■以數學的方式探討結構方程模式分析

第 3 章中我們盡力使結構方程模式分析的「架構」浮現出來。然後一面以簡單的例子確認了結構方程模式分析絕非艱難的分析方法。如利用專用的軟體,那麼比以往的多變異分析還更簡單,如此說也無過言之處。實際上只要瀏覽第 3 章就可以進行某種程度的結構方程模式分析。

前面對於結構方程模式分析的原理或者路徑圖僅止於例示的解說。可是,實際上想要運用自如,有需要再深入理解結構方程模式分析才行。

至第 3 章為止想必已有了基本的理解,一旦實踐時,卻仍有隔閡之感。為了彌補此隔閡,本章使用數學式,探討結構方程模式分析。

> 以數學的方式表示略為複雜,但是如果能克服本章,即可以看見曙光!

■首先複習一下路徑圖

以詳細調查結構方程模式分析的第一道入口來說,那就是先要調查路徑圖。第 2 章、第 3 章有過數次的調查或許不會覺得新奇。但是基於確認的用意,將路徑圖與方程式的關係先加以整理。

路徑圖是針對資料的變數畫出所想像的關係。此圖是按如下的約定來繪製。

> (1) 以長方形所圍起來的變數表示**觀測變數**。

資料中所顯示的變數名稱,在路徑圖中是以長方形表示。

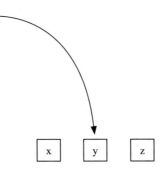

NO.	x	y	z
1	22	23	22
2	0	8	22
3	21	40	34
4	27	22	30
5	3	28	39
6	39	24	9

在路徑圖上以長方形表示**觀測變數**。

x

想表示觀測變數之**變異數**的數值時，通常將該值記在長方形的右上角。

x　←觀測變數的變異數表示在右上方

(2) 以橢圓所圍起來的變數表示**潛在變數**。

結構方程模式分析的一大特徵是自由操作**潛在變數**。在路徑圖上以橢圓表示該潛在變數。

f

想表示潛在變數之變異數之數值時，通常將該值寫在橢圓的右上方。

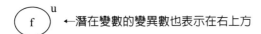

f　←潛在變數的變異數也表示在右上方

(3) 以圓形所圍起來變數名表示**誤差變數**。

在路徑圖中是以小圓表示誤差變數【註1】。

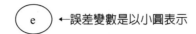

誤差變數是表示觀測變數之中的不確定要因。譬如，請看下圖。

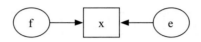

此圖中以誤差變數 e 所表示的誤差，是表示對於變數 x 而言無法以變數 f 說明者。想表示誤差變數之變異數之數值時，通常在小圓的右上填記數值。

附帶一提，潛在變數所附帶的誤差變數，與觀測變數所附帶的誤差變數有所區別，將前者視為干擾變數的也有。

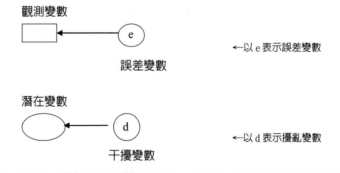

---

(4) 單向箭頭（→）表示原因與結果之關係。

箭線的始端表示原因，終端表示結果。並且，此單向箭頭（→）上所填記的數值稱為路徑係數，表示因果關係的強度。

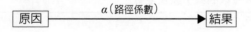

【註1】 誤差可想成一種潛在變數，通常以圓形來表示。

此關係類似迴歸分析的說明變數與目的變數之關係。特別是聯結觀測變數的單向箭頭，即為表示迴歸分析的說明變數與目的變數之關係。箭線的始端變數表示「說明變數」（獨立變數），箭線的終端變數表示「目的變數」。並且，路徑係數是表示迴歸係數。【註2】

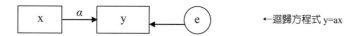

←迴歸方程式 y=ax

---

(5) 雙向箭頭（◄───►）表示關聯。

以雙向箭頭所連結的變數，表示其間並非獨立。亦即，模式製作者想表現「有關係」。而且，並非假定像 (4) 所表示的單向箭頭那樣的原因與結果的因果關係，而是表示相互間的對等關係。【註3】

此雙向箭頭所填記的數值是表示共變異數。特別是標準化解的時候，此值是表示相關係數。

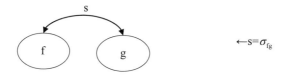

←s=σ_{fg}

另外，並未有從其他地方流入，且未以雙向箭頭連結的變數，是表示相互獨立。

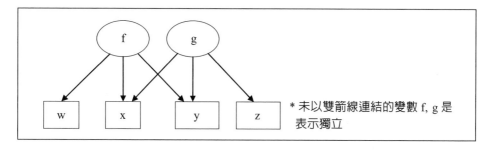

* 未以雙箭線連結的變數 f, g 是表示獨立

如記住以上 (1)～(5) 的 5 個約定，即可立刻畫出路徑圖。相反地，如利用 (1)～(5) 的約定，變數間成立的方程式即可簡單求得（下節）。路徑圖與方程式，就像相片的正面與負面一樣，是同一樣式的不同表現。

【註2】 關於迴歸分析的概要，請看附錄 7。因子分析將路徑係數稱為因子負荷量。此為因子與變數相連結之係數。

【註3】 實際計算的結果，與模式製作者的意圖相反，以雙箭頭連結的變數之間並無關係的情形也有。

4-2 表示變數之關係模式的路徑圖(2)

■外生變數與內生變數

從路徑圖可以立即看到以長方形表示的觀測變數、以橢圓表示的潛在變數，以及以小圓表示的誤差變數三種。可是，由此圖也可以看出外生變數與內生變數之不同。

所謂外生變數（exogenous variable）是指以單向箭頭指向其他變數，而本身未被所指的變數。相對的，被某變數以單向箭頭所指的變數稱為內生變數（endogenous variable）。

如利用迴歸分析的表現時，外生變數也可以說是成為其他變數的原因，而不是結果的變數。因此，在模式中可以想成是最基本的變數。

外生變數
指向其他變數＝其他變數之原因

內生變數
被其他變數所指之變數＝其他變數之結果

小博士解說

變數的分類

結構方程模式分析所使用的變數。除了目前數次出現的「觀測變數」、「潛在變數」之外，也介紹了「外生變數」與「內生變數」之區別。

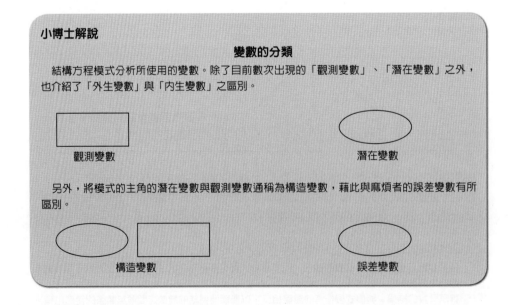

觀測變數

潛在變數

另外，將模式的主角的潛在變數與觀測變數通稱為構造變數，藉此與麻煩者的誤差變數有所區別。

構造變數

誤差變數

知識補充站

Google創辦人佩吉和布林經典演講系列之一

市值超過 3600 億美元的網路霸主 Google，是由創辦人佩吉及布林於年僅 25 歲、26 歲那年，在朋友家的車庫裡所成立的公司。其實，早在 1995 年當他們還在史丹佛大學攻讀博士學位時，就因興趣而開始在校園裡著手一項關於「網路搜尋」的研究。二十年後，Google 不僅成功晉升為網路搜尋巨擘，更讓兩位創辦人搖身一變成為全球最年輕的富豪。

兩位創辦人難得公開同台，在英國一場聽眾以學生為主的演講中，分享了 Google 的成功故事，並藉此鼓勵學生及所有懷抱夢想的人：「你必須選擇你有興趣的、可靠的且真正重要的事情去做，或許不一定行得通，也或許有些冒險，但請不要害怕失敗，因為其中一件事情就可能很了不起且非常成功！」以下是全文翻譯：

布林：在開始演講前，我想先提到，佩吉和我在幾年前曾因為很相近的原因來到倫敦，當時我們非常年輕。

事情開始於我收到的一封 email，裡面寫著「歡迎來倫敦加入我們，戈巴契夫（蘇聯最後一任領導人）也將出席，我也認識裴瑞斯（以色列總統）及瑪丹娜（美國知名女歌手）很久了，還有很多名人會來。」我第一個想到的是，我們真的該做些什麼來解決這個國家的垃圾郵件問題。正當我想研發新產品來解決這個問題時，也就是後來的 Google，已經有人決定要這麼做了，事實上也真的解決垃圾郵件問題了。今天能再次回到倫敦和在座的各位見面，真的很開心！

過去有許多人，在他們的有生之年完成了很多不可思議的事情，這點對我來說是相當具啟發性的，實在很難想像要如何達到那樣的境界，但我們一直都非常努力。最重要的是，當你獲得學術成就的肯定，你將會獲得一面很棒的金牌，可以用來裝飾家裡的餐廳，所以我們花了幾年的時間，試圖做出非常成功的東西，讓我們可以獲得這面金牌。而現在我們已經做到了，雖然還沒拿到金牌，但我想已經很接近了，所以我打算再回去完成我的博士學位，我的母親也一直在督促我。

相信 Google 有潛力改變世界，運用企業資源讓世界更美好

爾後，我還理解了一件事情，也是我自己的經驗。我待在一間從小公司逐漸成長茁壯，到讓全世界刮目相看的大企業，而我知道大多數的人都不喜歡企業，所以我開始思考其原因，而真正的問題，**並不是因為人們覺得被這麼多大企業剝削而感到不公平，而是企業應該思考如何運用這些龐大資源讓世界更美好，對世界做出更多正向有益的事。**

我認為像 Google 這樣的公司，相較於其他公司，擁有豐富的資源、資金甚至科技資源，例如：水資源分配，我們有潛力去改變世界，為世界做出有助益的事，也深信我們有這個義務。幾年前的夏天，我們開始執行 Google 贈款計畫（Google Grants Program），提供非營利組織在我們的網際網路上免費打廣告，一年內輔助的慈善機構已有近 300 家，這促使很多慈善公益的推動。前幾天我甫獲知，印尼有一所專為弱勢女童成立的新學校正在建造當中，也因為這個計畫獲益良多，有位新加坡的好心人士，在 Google 搜尋引擎上看到這則廣告後，也開始資助這間學校的創建。

目前，Google 贈款計畫涵蓋了相當廣泛的議題，包括世界貧窮、健康、政治等各種公益活動。我們也決定將計畫延伸至下個階段，成立 Google 基金會，未來將可投入除了廣告以外的資源，像是資金、技術和 Google 科技。我們也從員工這裡獲得許多溫暖的回饋，能成為這些計畫的一份子讓他們感到很開心，因為**他們不只能為 Google 而設計，更能為世界而設計。**這對我來說，真的是很棒的經驗！

那麼接下來，我就把時間交給我的夥伴佩吉來跟各位分享。（待續）

4-3 結構方程模式是線形模式

■路徑圖能以一次元表現

結構方程模式分析是針對眼前的資料所具有的形象以路徑圖加以表現。取決於每個人的經驗與想法，對於所面對的資料出現不同的感受，為了要找到其關係，可率直地將它的形象以路徑圖表現。可是，只有路徑圖是沒有任何幫助的，以手繪製的路徑圖，即使可以表現變數之間不清的關係，卻無法具體地表現數量上的關係。只是路徑圖有如「畫餅」一般。因此，需要有能將路徑圖上所表示的關係予以數值化的理論。

要將路徑圖上所表現的關係具體地數量化，必須由此圖導出方程式才行。根據此方程式，即可討論出變數間之關係。

以例子來說，假使觀察以下資料，想到下方所表示的路徑圖。

NO.	X	Y	U	V
1	6	50	35	20
2	23	17	33	6
3	38	48	40	1
4	14	16	30	42
5	11	3	21	12

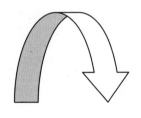

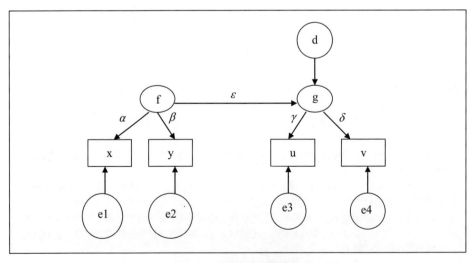

圖 4-1 　資料的圖像化

要將此路徑圖所表示圖模式具體化，必須先求出路徑係數 α、β、γ、δ、ε，變數 f 的變異數以及誤差變數的變異數（這些稱為模式的參數）。[註4]

試從路徑圖寫出關係式：

$$x = \alpha f + e_1 \qquad ①$$
$$y = \beta f + e_2 \qquad ②$$
$$u = \gamma g + e_3 \qquad ③$$
$$v = \delta g + e_4 \qquad ④$$
$$g = \varepsilon f + d \qquad ⑤$$

像這樣，以路徑圖所表現的關係能利用一次式來表現。從此特徵來說，在結構方程模式分析中所利用的模式稱為線形模式。採用此線形模式，結構方程模式分析即可充分活用數學的力量。可以將探討向量或矩陣的線形代數當作武器來利用。

如利用此等①～⑤時，模式所包含的變異數與共變異數即可計算。按如此所求出的變異數與共變異數，使之接近實際的值，以決定參數之值，是共變異數最構造分析的基本原理。關於基本原理會在下節詳細說明。

結構方程模式分析中所利用的模式稱為線性模式。使變異數與共變異數的實際值與理論值相接近以決定參數之值。

[註4] 其它變數（x、y、u、v、g）之值，可從這些參數估計。

4-4 參數估計的體系(1)

■變異數與共變異數是決定關鍵

將前節以路徑圖所表示之模式，以式子如下表現：

$$x = \alpha f + e_1 \cdots \text{①} \qquad\qquad y = \beta f + e_2 \cdots \text{②}$$
$$u = \gamma g + e_3 \cdots \text{③} \qquad\qquad v = \delta g + e_4 \cdots \text{④}$$
$$g = \varepsilon f + d \cdots \text{⑤}$$

那麼要如何估計這些式子之中的參數（路徑係數 α、β、γ、δ 以及 f 的變異數）呢？結論是不難的。依據以下原理。

從模式利用計算所求出的變異數與共變異數，與由資料所得到的變異數與共變異數，盡可能相適配下來決定參數（路徑係數或變異數、共變異數）。

由資料所得到的資訊有許多。其中為了能符合由資料所得到的變異數與共變異數，調整關係式所包含的變數與係數，即為結構方程模式分析的原理。基於此原理故稱為「結構方程模式分析」。

那麼，試著從路徑圖所表示之模式，以參數表示變異數與共變異數。這是想將此理論值使之接近由資料所得到的變異數與共變異數的緣故。

■首先以參數表示變異數

首先，試求變異數看看。譬如，x 的變異數 σ_x^2 成為如下。
由變異數的定義知

$$\sigma_x^2 = \frac{1}{n}\left\{ (x_1 - \bar{x})^2 + \cdots + (x_n - \bar{x})^2 \right\} \qquad\qquad \text{⑥}$$

此處，n 是表示資料的大小（亦即樣本的大小）。將①式代入⑥式。[註5]

$$\sigma_x^2 = \frac{1}{n}\left[\left\{ \alpha(f_1 - \bar{f}) + (e_{11} - \bar{e}_1) \right\}^2 + \cdots + \left\{ \alpha(e_{1n} - \bar{e}_1) \right\}^2 \right]$$

[註5] 此節因用較多公式的說，若不熟悉可斟酌參閱。

表 4-1 各變數的數據

No	x	y	u	v	f	e_1	$\cdots$	e_4	d
1	x_1	y_1	u_1	v_1	f_1	e_{11}	$\cdots$	e_{41}	d_1
2	x_2	y_2	u_2	v_2	f_2	e_{12}	$\cdots$	e_{42}	d_2
$\cdots$	$\cdots$	$\cdots$	$\cdots$	$\cdots$	$\cdots$	$\cdots$	$\cdots$	$\cdots$	$\cdots$
n	x_n	y_n	u_n	v_n	f_n	e_{1n}	$\cdots$	e_{4n}	d_n

將此σ_x^2的右邊展開看看。

$$\sigma_x^2 = \frac{1}{n}\left[\left\{ \alpha^2\left(f_1 - \bar{f}\right)^2 + 2\alpha\left(f_1 - \bar{f}\right)\left(e_{11} - \bar{e}_1\right)\left(e_{11} - \bar{e}_1\right)^2 \right\} + \cdots \right.$$
$$\left. + \left\{ \alpha^2\left(f_n - \bar{f}\right)^2 + 2\alpha\left(f_n - \bar{f}\right)\left(e_{1n} - \bar{e}_1\right)\left(e_{1n} - \bar{e}_1\right)^2 \right\}^2 \right]$$

其次試將上式再行整理看看。

$$\sigma_x^2 = \alpha^2 \frac{1}{n}\left\{ \left(f_1 - \bar{f}\right)^2 + \cdots + \left(f_n - \bar{f}\right)^2 \right\}$$
$$+ 2\alpha \frac{1}{n}\left\{ \left(f_1 - \bar{f}\right)\left(e_{11} - \bar{e}_1\right) + \cdots + \left(f_n - \bar{f}\right)\left(e_{1n} - \bar{e}_1\right) \right\}$$
$$+ \frac{1}{n}\left\{ \left(e_{11} - \bar{e}_1\right)^2 + \cdots + \left(e_{1n} - \bar{e}_1\right)^2 \right\} \qquad ⑦$$

最初的部分是包含潛在變數 f 的變異數σ_f^2。亦即：

$$\sigma_f^2 = \frac{1}{n}\left\{ \left(f_1 - \bar{f}\right)^2 + \cdots + \left(f_n - \bar{f}\right)^2 \right\} \qquad ⑧$$

⑦式的第二個部分是包含潛在變數與誤差變數的共變異數 σ_{fe_1}。

$$\sigma_{fe_1} = \frac{1}{n}\left\{ \left(f_1 - \bar{f}\right)\left(e_{11} - \bar{e}_1\right) + \cdots + \left(f_n - \bar{f}\right)\left(e_{1n} - \bar{e}_1\right) \right\}$$

但潛在變數與誤差變數可以想成是沒有相關。因此，此共變異數σ_{fe_1}之值為 0。

$$\sigma_{fe_1} = \frac{1}{n}\left\{ \left(f_1 - \bar{f}\right)\left(e_{11} - \bar{e}_1\right) + \cdots + \left(f_n - \bar{f}\right)\left(e_{1n} - \bar{e}_1\right) \right\} \qquad ⑨$$

試觀察⑦式的第 3 部分。這是誤差變數 e_1 的變異數σ_{e1}^2。

$$\sigma_{e1}^2 = \frac{1}{n}\left\{ \left(e_{11} - \bar{e}_1\right)^2 + \cdots + \left(e_{1n} - \bar{e}_1\right)^2 \right\} \qquad ⑩$$

試將⑧、⑨、⑩代入⑦式看看。

$$\sigma_x^2 = \alpha^2\sigma_f^2 + \sigma_{e1}^2$$

變得非常的簡單。對變數 y、u、v、g 也是一樣。譬如就觀測變數 u 來說，可以表示成如下。

$$\sigma_u^2 = \gamma^2\sigma_g^2 + \sigma_{e3}^2 \qquad ⑪$$

對潛在變數 g 來說，試以參數表示它的變異數看看。計算按同樣的方式，

$$\sigma_g^2 = \varepsilon^2\sigma_f^2 + \sigma_d^2 \qquad ⑫$$

σ_g^2 是潛在變數 g 的變異數，σ_{e3}^2 是誤差變數 e_3 的變異數，σ_d^2 是誤差變數 d 的變異數。

在⑫式的準備之下，再回顧⑪式，將⑫式代入變成如下：

$$\sigma_u^2 = \gamma^2\left(\varepsilon^2\sigma_f^2 + \sigma_d^2\right) + \sigma_{e3}^2 = \gamma^2\varepsilon^2\sigma_f^2 + \gamma^2\sigma_d^2 + \sigma_{e3}^2$$

以上變異數的計算即結束。

不妨確認一下觀測變數的變異數能以參數（係數 α，…，δ，ε，f 的變異數σ_f^2，誤差變數的變異數σ_{e1}^2，σ_{e2}^2，…，σ_d^2）來表示。

小博士解說

  變異數與共變異數是結構方程模式分析的關鍵。先熟悉各記號的用法，再進行閱讀，比較容易進入狀況。

知識補充站

Google創辦人佩吉和布林經典演講系列之二

佩吉：今天能夠來到這裡，再次和在座這麼多聰明的人對談，對我來說是莫大的榮幸，我還是比較喜歡和學生相處在一起。

我從史丹佛畢業，我和布林都認為我們蠻令人討厭的，或許這仍是事實，不過我們已經不那麼在意了。我只希望能帶給學生們一些啓發，昨晚我已經和你們大部分的人談了很多，希望各位能好好思考你們的研究，而 Google 對於你們的研究來說，即是一個相當有趣的案例。

選擇有興趣且真正重要的事情去做，因為其中一件就可能很了不起

1995 年我們開始於史丹佛進行這項研究專案，在 Google 創立之初，我們其實並沒有太多想法。我當時只想下載網路連結，對於資料探勘（data mining）很感興趣，但對於自己在做什麼真的不太了解，只覺得網路很有趣，而且這是一個很棒的電腦科學主題，也或許可以在論文裡寫進什麼很實際又重要的研究。

我們嘗試了各種方式，幾乎都失敗了。後來我們想出一個更好的排序方式，因為我們認為搜尋應該更快、更精準。這件事情對我最大的學習是，**你必須選擇你有興趣的、可靠的、且有發展空間的研究領域去做**，我當時對於「網路連結」很感興趣，因為我知道沒有人在關注這件事情，而或許我就能做些什麼。我知道很多人都喜歡做有趣的事情，**但我認為做一些大部分人覺得困難的事情是很重要的**，我也一直在思考各種解決方式。

我曾和一位匿名的人談話，他說：「我在考慮做某個領域的研究，而這項研究是漸進式的，雖然論文有點無聊，但有人告訴我，我應該藉此發表很多篇論文，那麼就能順利取得博士學位，我在想我或許真的應該這麼做？但是，我真的很想做另外一個研究，因為沒有人會選擇做不重要的事吧！」我的建議是，**選擇真正重要的事情去做**，或許不一定行得通，也或許有些冒險，但你可以嘗試很多種研究，而其中一件就可能很了不起且非常成功。

所以，在座的各位都是非常具有潛力的，我想鼓勵大家全心投入於你認為對這世界真正重要的事，不要害怕失敗，謝謝各位！

4-5 參數估計的體系(2)

■接著試以參數表示共變異數

此次,試求共變異數看看。譬如,試求 x 與 u 的共變異數。

$$\sigma_{xu} = \frac{1}{n}\left\{(x_1 - \overline{x})(u_1 - \overline{u}) + \cdots + (x_n - \overline{x})(u_n - \overline{u})\right\}$$ ⑬

將①、③式代入上式,可以表示如下:

$$\sigma_x^2 = \frac{1}{n}\Big[\left\{\alpha(f_1 - \overline{f}) + (e_{11} - \overline{e}_1)\right\}\left\{\gamma(g_1 - \overline{g}) + (e_{31} - \overline{e}_3)\right\} + \cdots$$
$$+ \left\{\alpha(f_n - \overline{f}) + (e_{1n} - \overline{e}_1)\right\}\left\{\gamma(g_n - \overline{g}) + (e_{3n} - \overline{e}_3)\right\}\Big]$$

與求變異數時相同,試將此展開並整理。

$$\sigma_{xu} = \alpha\gamma\frac{1}{n}\left\{(f_1 - \overline{f})(g_1 - \overline{g}) + \cdots + (f_n - \overline{f})(g_n - \overline{g})\right\}$$
$$+ \gamma\frac{1}{n}\left\{(e_{11} - \overline{e}_1)(g_1 - \overline{g}) + \cdots + (e_{1n} - \overline{e}_1)(g_n - \overline{g})\right\}$$
$$+ \alpha\frac{1}{n}\left\{(e_{31} - \overline{e}_3)(f_1 - \overline{f}) + \cdots + (e_{3n} - \overline{e}_3)(f_n - \overline{f})\right\}$$
$$+ \frac{1}{n}\left\{(e_{11} - \overline{e}_1)(e_{31} - \overline{e}_3) + (e_{1n} - \overline{e}_1)(e_{3n} - \overline{e}_3)\right\}$$ ⑭

此展開式的最初項是包含潛在變數 f、g 的共變異數。

$$\sigma_{fg} = \frac{1}{n}\left\{(f_1 - \overline{f})(g_1 - \overline{g}) + \cdots + (f_n - \overline{f})(g_n - \overline{g})\right\}$$

第 2 項與第 3 項是包含潛在變數與誤差變數的共變異數。正如討論變異數的方式,假定誤差變數與潛在變數並無相關,因之此 2 項之值即為 0。又,⑭的最後式子,是表示誤差變數之間的共變異數。誤差變數之間也被認為相互間無關聯性,因之這也成為 0。因此⑭(亦即⑬)即變成如下:

$$\sigma_{xu} = \alpha\gamma\sigma_{fg}$$

又,f 與 g 有⑤的關係,即:

$$g = \varepsilon f + d$$ ⑤

因之

$$\sigma_{fg} = \frac{1}{n}\Big[(f_1 - \bar{f})(g_1 - \bar{g}) + \cdots + (f_n - \bar{f})(g_n - \bar{g})\Big]$$

$$= \frac{1}{n}\Big\{(f_1 - \bar{f})\big[\varepsilon(f_1 - \bar{f}) + (d_1 - \bar{d})\big] + \cdots + (f_n - \bar{f})\big[\varepsilon(f_n - \bar{f}) + (d_n - \bar{d})\big]\Big\}$$

$$= \frac{1}{n}\Big[(f_1 - \bar{f})^2 + \cdots + (f_n - \bar{f})^2\Big] + \frac{1}{n}\Big[(f_1 - \bar{f})(d_1 - \bar{d}) + \cdots + (f_n - \bar{f})(d_n - \bar{d})\Big]$$

$$= \varepsilon\sigma_f^2$$

此處，假定外生變數 f 與誤差變數 d 之間並無相關（$\sigma_{fd} = 0$）。

因此，x 與 u 的共變異數可如下以外生變數 f 來表現。

$$\sigma_{xu} = \alpha\gamma\varepsilon\sigma_f^2 \tag{⑮}$$

其他的共變異數也是一樣。譬如 x 與 y 的共變異數 σ_{xy} 變成如下。

$$\sigma_{xy} = \alpha\beta\sigma_f^2$$

以上共變異數的計算結束。與變異數的情形相同，確認了共變異數能以參數（係數 α，$\cdots$，δ，ε 變數 f 的變異數 σ_f^2，誤差變數的變異數 σ_d^2）來表示。

知識補充站

　參數估計使用甚多的記號，是否大致了解了呢？若無法理解，粗略一讀也無妨。

4-6 參數估計的體系(3)

■整理以參數所表示的變異數與共變異數

變異數與共變異數好不容易以參數表現出來了。試將以上的計算結果整理如下：

$$\sigma_x^2 = \alpha^2\sigma_f^2 + \sigma_{e1}^2 \ , \ \sigma_y^2 = \beta^2\sigma_f^2 + \sigma_{e2}^2$$
$$\sigma_u^2 = \gamma^2\varepsilon^2\sigma_f^2 + \gamma^2\sigma_d^2 + \sigma_{e3}^2 \ , \ \sigma_v^2 = \delta^2\varepsilon^2\sigma_f^2 + \delta^2\sigma_d^2 + \sigma_{e4}^2$$
$$\sigma_{xy} = \alpha\beta\sigma_f^2$$
$$\sigma_{xu} = \alpha\gamma\varepsilon\sigma_f^2 \ , \ \sigma_{xv} = \alpha\delta\varepsilon\sigma_f^2 \ , \ \sigma_{yu} = \beta\gamma\varepsilon\sigma_f^2 \ , \ \sigma_{yv} = \beta\delta\varepsilon\sigma_f^2$$

> 以母數來書寫共變異數的文字吧。

整理成變異數、共變異數之表如下：

	x	y	u	v
X	$\alpha^2\sigma_f^2 + \sigma_{e1}^2$			
Y	$\alpha\beta\sigma_f^2$	$\beta^2\sigma_f^2 + \sigma_{e2}^2$		
U	$\alpha\gamma\varepsilon\sigma_f^2$	$\beta\gamma\varepsilon\sigma_f^2$	$\gamma^2\varepsilon^2\sigma_f^2 + \gamma^2\sigma_d^2 + \sigma_{e3}^2$	
V	$\alpha\delta\varepsilon\sigma_f^2$	$\beta\delta\varepsilon\sigma_f^2$	$\gamma\delta\varepsilon^2\sigma_f^2 + \gamma\delta\sigma_d^2$	$\delta^2\varepsilon^2\sigma_f^2 + \delta^2\sigma_d^2 + \sigma_{e4}^2$

這些全體，使之能適配由資料所得到的變異數、共變異數之值以決定參數（係數 α，…，δ，ε，變數 f 的變異數 σ_f^2，誤差變數的變異數 σ_{e1}^2，…σ_{e4}^2，σ_d^2），即爲結構方程模式分析的計算原理。

> 由資料所得到的變異數、
> 共變異數之值使之能符合
> 母體之值。

知識補充站

如依循路徑時

在路徑圖中，依據連結 2 個變數的路徑，將參數的路徑係數與變異數相乘時，即可求出共變異數與相關係數之值。譬如，請看⑮式（$\sigma_{xu} = \alpha\gamma\varepsilon\sigma_f^2$）。把從變數 x 向著 u 的路徑係數與變異數、共變異數相乘時，即為 $\alpha \times \sigma_f^2 \times \varepsilon \times \gamma$，與⑮式的 σ_{xu} 一致。

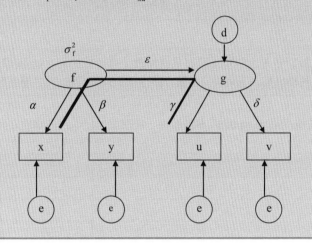

4-7 對資料的變異數・共變異數適配理論值 (1)

■使理論值與觀測值一致

　　從路徑圖製作關係式，從關係式以理論的方式計算出觀測變數的變異數、共變異數。此變異數、共變異數是以參數加以表示。亦即，路徑係數或變異數等是當作參數在未確定之下包含在式子中。因此，要如何決定這些參數，即為要探討的課題。再一次複習結構方程模式分析的原理。

> 由模式以計算所求出的變異數與共變異數，盡可能的使之能適配由資料所得到的變異數與共變異數之下來決定參數（路徑係數或變異數・共變異數）。

　　那麼，依據此原理，試估計參數看看。延續前節以下圖具體地來調查。

NO.	x	y	u	v
1	6	50	35	20
2	23	17	33	6
3	38	48	40	1
4	14	16	30	42
5	11	3	21	13

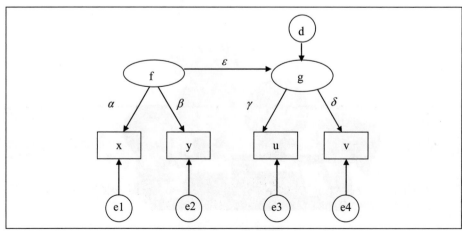

圖 4-2　路徑圖

從此路徑圖以理論的方式求出如下的變異數 · 共變異數： ①

x	$\alpha^2\sigma_f^2 + \sigma_{e1}^2$			
y	$\alpha\beta\sigma_f^2$	$\beta^2\sigma_f^2 + \sigma_{e2}^2$		
u	$\alpha\gamma\varepsilon\sigma_f^2$	$\beta\gamma\varepsilon\sigma_f^2$	$\gamma^2\varepsilon^2\sigma_f^2 + \gamma^2\sigma_d^2 + \sigma_{e3}^2$	
v	$\alpha\delta\varepsilon\sigma_f^2$	$\beta\delta\varepsilon\sigma_f^2$	$\gamma\delta\varepsilon^2\sigma_f^2 + \gamma\delta\sigma_d^2$	$\delta^2\varepsilon^2\sigma_f^2 + \delta^2\sigma_d^2 + \delta_{e4}^2$

從資料可以求出實際的變異數 · 共變異數：[註6] ②

x	s_x^2			
y	s_{xy}	s_y^2		
u	s_{xu}	s_{yu}	s_u^2	
v	s_{xv}	s_{yv}	s_{uv}	s_v^2

　　此處出現問題。以理論所求出的變異數 · 共變異數「適配」觀測值的變異數、共變異數的意義並不明確。變異數 · 共變異數雖然是數個並列，但這些以整體來說「適配」的意義並不明確。

　　統計學中，資料「適配」的判斷基準，最常使用的是稱之為最小平方法的手法。試利用此決定參數看看。[註7]

[註6] 以計算所求出的變異數 · 共變異數以希臘字母 σ 表示，由資料所求的變異數 · 共變異數以羅馬字 s 表示。

[註7] 此後要調查的最小平方方法為無加權的最小平方方法，是在「適配」的判斷基準中最為簡單的想法。結構方程模式分析最常利用的是最大概似估計法，容後述。

4-8 對資料的變異數・共變異數適配理論值 (2)

■使誤差的平方和最小是最小平方法的原理

首先，由計算所求出的觀測變數的變異數・共變異數予以簡化描述如下（這些的計算值是以①求出）： ③

X	σ_x^2			
Y	σ_{xy}	σ_y^2		
U	σ_{xu}	σ_{yu}	σ_u^2	
V	σ_{xv}	σ_{yv}	σ_{uv}	σ_v^2

最小平方法是將②與③的適配如下來考慮。

首先製作如下的平方和 Q：

$$Q = \left(\sigma_x^2 - s_x^2\right)^2 + \left(\sigma_y^2 - s_y^2\right)^2 + \cdots + \left(\sigma_v^2 - s_v^2\right)^2$$
$$+ 2\left(\sigma_{xy} - s_{xy}\right)^2 + 2\left(\sigma_{xu} - s_{xu}\right)^2 + \cdots + 2\left(\sigma_{uv} - s_{uv}\right)^2 \qquad ④$$

Q 是針對變異數與共變異數，建立理論值與實測值之差異，然後求出這些之平方和。[註8]

實測　　　　　　　　　　　　　　　理論

$$S = \begin{bmatrix} s_x^2 & s_{xy} & s_{xu} & s_{xv} \\ s_{xy} & s_y^2 & s_{yu} & s_{yv} \\ s_{xu} & s_{yu} & s_u^2 & s_{uv} \\ s_{xv} & s_{yv} & s_{uv} & s_v^2 \end{bmatrix} \qquad \Sigma = \begin{bmatrix} \sigma_x^2 & \sigma_{xy} & \sigma_{xu} & \sigma_{xv} \\ \sigma_{xy} & \sigma_y^2 & \sigma_{yu} & \sigma_{yv} \\ \sigma_{xu} & \sigma_{yu} & \sigma_u^2 & \sigma_{uv} \\ \sigma_{xv} & \sigma_{yv} & \sigma_{uv} & \sigma_v^2 \end{bmatrix}$$

對各成分之差取平方再相加即為 Q

最小平方法是使此 Q 成為最小來決定參數。亦即，將①的結果帶入④式，將 Q 以

[註8] 共變異數之差的平方乘上係數 2，是因為將變異數・共變異數想成一個矩陣（變異數・共變異數矩陣）（附錄 6）。考慮到對稱成分故有 2 倍。

參數（係數以 α，$\cdots\delta$，ε，變數 f 的變異數σ_f^2，誤差變數的變異σ_{e1}^2，$\cdots$，σ_{e4}^2，σ_d^2）來表示。實際上，使用①式，Q 可以具體的寫成如下：

$$Q = \left(\alpha^2\sigma_f^2 + \sigma_{e1}^2 - s_x^2\right)^2 + \left(\beta^2\sigma_f^2 + \sigma\sigma_{e2}^2 - s_y^2\right)^2$$
$$+ \left(\gamma^2\varepsilon^2\sigma_f^2 + \gamma^2\sigma_d^2 + \sigma_{e3}^2 - s_u^2\right)^2 + \left(\delta^2\varepsilon^2\sigma_f^2 + \delta^2\sigma_d^2 + \sigma_{e4}^2 - s_v^2\right)^2$$
$$+ 2\left(\alpha\beta\sigma_f^2 - s_{xy}\right)^2 + 2\left(\alpha\gamma\varepsilon\sigma_f^2 - s_{xu}\right)^2 + 2\left(\alpha\delta\varepsilon\sigma_f^2 - s_{xv}\right)^2$$
$$2\left(\beta\gamma\varepsilon\sigma_f^2 - s_{yu}\right)^2 + 2\left(\beta\delta\varepsilon\sigma_f^2 - s_{yv}\right)^2 + 2\left(\gamma\delta\varepsilon^2\sigma_f^2 + \gamma\delta\sigma_d^2 - s_{uv}\right)^2$$

此 Q 稱爲誤差函數或目的函數，此處使用誤差函數的用法。

如改變參數（係數 α、$\cdots\delta$、ε、σ_f^2、$\cdots\sigma_{e4}^2$、σ_d^2）時，此 Q 值即出現各種的變化。

其中實現最小的 Q 值之參數是當作模式之值加以採用。以如此方式決定參數之方法即爲最小平方法。

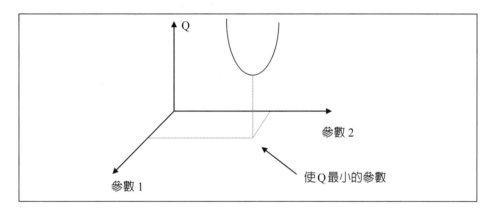

使此 Q 最小化以尋找參數的方法，一向是利用微分、積分學。可是，目前一般是利用電腦。原理很簡單，將各種數值帶入參數尋找最小值，瞬時即可求出解。

4-9 對資料的變異數・共變異數適配理論值 (3)

■最大概似估計法的基本也與最小平方法相同

繼之最小平方法要調查最大概似估計法，對於最大概似估計法的一般論來說，請參考附錄10，此估計法是取代上述的誤差函數 Q 將以下的函數當作誤差函數來利用。

$$f_{ML} = tr(\Sigma^{-1} S) - \log|\Sigma^{-1} S| - k \qquad ⑤^{【註9】}$$

此處 Σ 是包括由模式所計算的參數的變異數・共變異數矩陣。今以調查的模式來說時，它是將變異數・共變異數的表③整理成矩陣，亦即是：

$$\Sigma = \begin{bmatrix} \sigma_x^2 & \sigma_{xy} & \sigma_{xu} & \sigma_{xv} \\ \sigma_{xy} & \sigma_y^2 & \sigma_{yu} & \sigma_{yv} \\ \sigma_{xu} & \sigma_{yu} & \sigma_u^2 & \sigma_{uv} \\ \sigma_{xv} & \sigma_{yv} & \sigma_{uv} & \sigma_v^2 \end{bmatrix}$$

Σ⁻¹ 是表示此矩陣 Σ 的逆矩陣。

S 是由觀測變異數所得到的變異數・共變異數矩陣。以所調查的模式來說，它是將變異數・共變異數的表②整理成矩陣者，亦即

$$S = \begin{bmatrix} s_x^2 & s_{xy} & s_{xu} & s_{xv} \\ s_{xy} & s_y^2 & s_{yu} & s_{yv} \\ s_{xu} & s_{yu} & s_u^2 & s_{uv} \\ s_{xv} & s_{yv} & s_{uv} & s_v^2 \end{bmatrix}$$

tr 是 trace（跡）的簡寫，是求矩陣的對角成分之和的記號（參附錄16）。最後的 k 是觀測變數的個數，目前調查的模式是 x、y、u、v，4 個。

⑤式覺得有些難。何況運用矩陣的用語更覺得困惑。可是不需要介意。基本上可以解釋為誤差函數只是從 Q 改變為 f_{ML} 而已。與最小平方法一樣，使此誤差函數最小化的參數即為決定模式之值。

最大概似估計法目前在變異數構造分析中是當作標準加以利用的估計法。大多數的分析軟體將此當作預設來採用。並且，在各方面所發表的大多數研究成果，都是利用此估計法加以計算。

那麼，為什麼最大概似法是不錯的呢？那是因為它具有如下的特性。

[註9]　最大概似估計法英語是以 Maximum Likehood Estimation 來表現。本書簡稱為 ML。

最大概似法的特性：

(a) 具有尺度不變性。

(b) 平均值的估計的擴張容易。

(c) 適合度函數之值於檢視時具有意義。

相反的來說，如果除去這些性質時，最小平方法與最大概似估計法幾乎性質相同。

最小平方法也可用來分析，是最容易理解的分析法，以此所得到的性質縱然利用最大概似估計法，也沒有多大的改變。

知識補充站

利用各種最小化的估計法

參數的估計法有幾種方法。此處所調查的最小平方方法或最大概似估計法，是這些之中的一種。縱然有各種的估計法，但基本上，如能理解此處所調查的想法，對任何的方法也均能因應。

Analysis Properties ? ✕

Estimation | Numerical | Bias | Output | Bootstrap | Permutations | Random # | Title

Discrepancy

● Maximum likelihood

○ Generalized least squares

○ Unweighted least squares

○ Scale-free least squares

○ Asymptotically distribution-free

☐ Estimate means and intercepts

☐ Emulisrel6

☐ Chicorrect

For the purpose of computing fit measures with incomplete data:

● Fit the saturated and independence models

○ Fit the saturated model only

○ Fit neither model

4-10 解的確定與自由度(1)

■關於參數的確定

在第 4 節中,介紹了以路徑圖中所包含的參數來表示變異數 · 共變異數,以及討論了如何決定參數。

但是,在以上的準備之下執行計算時,有時得不到解。事實上,讓電腦計算時出現以下錯誤訊息,而使計算中斷。

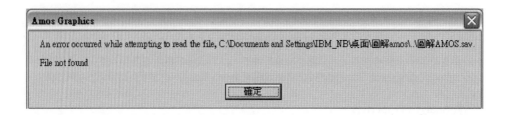

略為詳細地思考此錯誤的意義。此處在解說上是利用最小平方法。因為最小平方法的式子簡單,在本質上與最大概似法並無不同。

雖然有些迂迴,但模仿照第 3 節所引進的 Q,試考察以下的 3 個 Q 看看。

$$Q = (x + y - 1)^2 + 5 \qquad\qquad ①$$

$$Q = (x - 1)^2 + (y - 2)^2 + 5 \qquad\qquad ②$$

$$Q = (x - 1)^2 + (y - 2)^2 + (x - 3)^2 + 5 \qquad\qquad ③$$

在這些 Q 之中,從最小的條件來看,變數 x, y 之值確定的是何者,試討論看看。首先,①式的情形如何呢?使此 Q 最小的 x, y,顯然滿足下式的條件。

$$x + y - 1 = 0 \qquad\qquad ④$$

而且 Q 的最小值是 5。可是,最小值即使決定,x 與 y 之值在④式中是不定的。因此,此種 Q 的式子,其式子所包含的變數之值是未定的。

接著,調查②的 Q 看看。使此 Q 最小的 x, y,顯然滿足下式的條件。

$$x = 1, \ y = 2$$

Q 的最小值是 5。最小值與變數 x, y 的值是確定的!

最後,試觀察③的式子。經由簡單的計算得:

$$Q = 2(x-2)^2 + (y-2)^2 + 7 \qquad\qquad ③$$

這是在 x = 2，y = 2 時，最小值是 7。亦即，與②的情形相同，Q 的最小值與變數 x，y 之值是確定的。

以上討論有些繁瑣。此處試將結論整理看看。

想說的是，變數有 2 個時，在平方和 Q 的最小條件下可以確定的是當平方的個數有 2 個以上時。一般來說，可以如下表現。

變數之值的確定與平方和 Q 之關係：
要確定 p 個變數之值，Q 所含的平方之個數要在 p 個以上。

以另外的說法來看，從 k 個平方之和所成立的平方和 Q 使之最小的條件來看，它只能確定 k 個以下的變數之值。

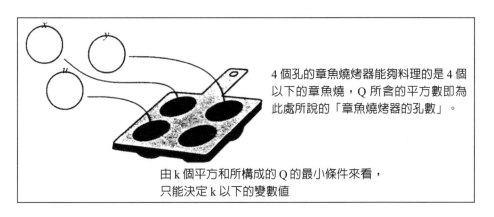

4 個孔的章魚燒燒烤器能夠料理的是 4 個以下的章魚燒，Q 所含的平方數即為此處所說的「章魚燒燒烤器的孔數」。

由 k 個平方和所構成的 Q 的最小條件來看，只能決定 k 以下的變數值

舉例來說，今有 4 個孔的章魚丸燒烤器，此燒烤器能燒烤的章魚丸最多只有 4 個，Q 所含的平方的個數正如此處所說的「燒烤器的孔數」。

試將以上的討論套用在結構方程模式分析看看。

參數是針對變異數與共變異數盡可能使理論值與實測值接近之下來決定。

4-11 解的確定與自由度(2)

■將變數的個數的條件套用在結構方程模式分析

亦即，在 Q 的最小條件下加以決定。但是，從觀測值變數的個數為 k 的資料來看，變異數 · 共變異數的個數可得出 1/2k(k + 1) 個。也就是說，Q 包含 1/2k(k + 1) 個平方和。

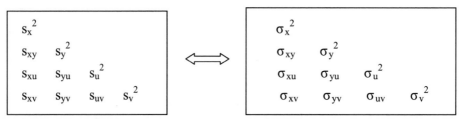

由資料所得到的變異數 · 共變異數　由理論所得到的變異數 · 共變異數（以參數加以表現）

$$Q = \left(\sigma_x^2 - s_x^2\right)^2 + \left(\sigma_y^2 - s_y^2\right)^2 + \cdots + \left(\sigma_v^2 - s_v^2\right)^2$$
$$+ 2\left(\sigma_{xy} - s_{xy}\right)^2 + 2\left(\sigma_{xu} - s_{xu}\right)^2 + \cdots + 2\left(\sigma_{uv} - s_{uv}\right)^2$$

由觀測值變數之個數是 4 個的資料所得到的 Q 是包含 1/2 · 4 · (4 + 1) = 10 個平方和。

從剛才所調查的事項來看，路徑圖上所含的參數的個數 p 確定時，以下的關係必須成立才行。

$$1/2k(k + 1) \geqq p \qquad \qquad ④$$

此④式，在結構方程模式分析中是模式確定的最低條件。亦即：

在由 k 個觀測變數成立的資料中，路徑圖之中所利用之參數的個數必須小於 1/2k(k + 1)[註 11]。

[註10] 將④的等式成立的模式稱為飽和模式。

一般來說，從所給予的資料來看，對路徑圖的模式調查是否能夠確定的問題稱為識別性問題。並且，模式之能確定，亦即在目的函數最小化條件下能決定參數時，稱為模式能識別。

今所調查之變數的個數條件，是決定識別問題的必要條件。這如果未滿足時，模式並未確定。

■自由度是表現模式的粗劣程度

試討論以下的 df。

$$df = \frac{1}{2}k(k+1) - p$$

在統計學中將此值稱為模式的自由度。參數的個數 p 如果小時（亦即 df 大時），以路徑圖所表現之模式就很粗劣，因之實際的資料與理論值出現不合。相反的，p 如果大（df 如果小）時，以路徑圖所表現的模式應該是適合的，因之實際的資料與理論值是一致的。df 是表現的粗劣程度。將此種狀況以自由度來表現[註11]。df 就像是數位相機的畫素的粗細那樣，過粗時畫像就會很粗糙。

[註11] df = 0 的模式稱為飽和模式。

4-12 識別問題的解決方法(1)

■參數甚多時模式無法識別

　　猶如前面一再說明的，結構方程模式分析的出色之處是「面對眼前的資料，要如何設想變數間之關係都行」。與之往的統計學不同，表現關係之模式類型並未固定，而是隨自己的喜好來決定。可是，相反的來說，因為類型並未固定，因之從個人所繪製的路徑圖無法保證可以適切的得出數學的解。

即使面對眼前的資料雖可畫出任何模型，但不保證它是正確的。

　　所設想的模式是否具有數學的解，此討論如前節所調查的稱為識別性問題。這是進行共變異數構造分析時，最初必須要通過的問題。

　　識別性問題的一個解決方法是第 5 節所調查的「要先滿足參數個數 p 的必要條件」。亦即，參數的個數設為 p，資料的觀測變數設為 k，這些必須要滿足以下的條件。

識別性問題的解決方法（參數 p 與觀測變數 k 之關係）：

$$1/2k(k + 1) \geqq p \qquad\qquad ①$$

　　必須滿足此必要條件才可以得出解。

　　不滿足①的條件，簡單的說就是參數的個數 p 過大。譬如，試回顧第 1 章所討論的如下路徑圖。

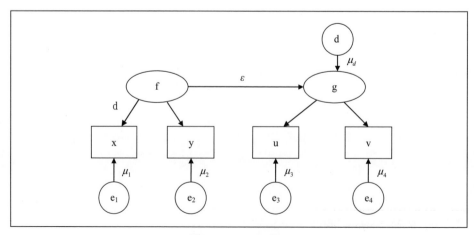

圖 4-3　　路徑圖

此處要估計的參數的個數 p 是以下的 16 個。【註12】

・外生變數的變異數 f

・誤差變數的變異數 e_1，e_2，e_3，e_4，d

・路徑係數 α，β，γ，δ，μ_1，μ_2，μ_3，μ_4，μ_d

・共變異數 ε

又，觀測變數的個數是 4，所以 $\frac{1}{2}k(k+1) = 10$

未能滿足條件①。因此，即使將上面的路徑圖輸入到軟體，如下圖也無法得到解。

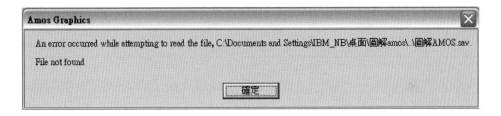

<hr />

【註12】內生變數的 g,x,y,z,w 可由這些之參數以計算求得。

4-13 識別問題的解決方法(2)

因此，試想想能讓條件①滿足的對策。此有如下有名的方法。

> 方法 (a)：從潛在變數、誤差變數出來的一條路徑將其係數當作 1。

潛在變數是假想的，所以可以自由選取測量的單位，因此，由該處衍生的一條路徑將其係數當作 1 是可行的。誤差**變數**也是潛在變數的一種，因之由該處出來的路徑其係數可以取成 1。[註13]

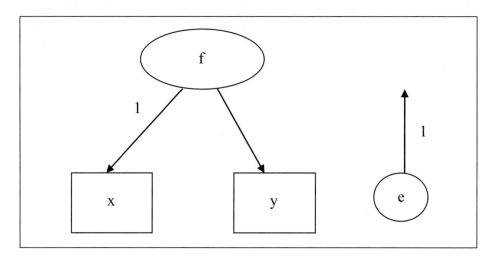

> 方法 (b)：對模式有意的加以限制。

基於分析者的經驗或模式的特性，也有對參數加上限制的情形。

譬如，由潛在變數向 2 個觀測變數畫出路徑時，有時可以假定「對 2 個變數的影響相等」。此時，可以如下將路徑係數分配相同的文字。雖然也有將此稱為等值限制，而這也是解決識別問題的一個條件。

[註13] 取代一條路徑的係數當作 1，也經常採用「**將潛在變數與誤差變數的變異數當作 1**」的方法。

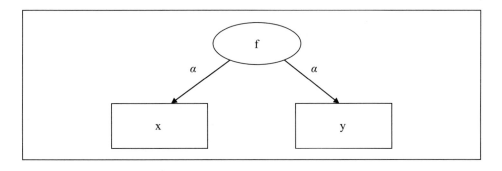

方法 (c)：對外生的潛在變數的變異數設為 1。

古典的探索式因素分析中，一般是將因素的變異數固定成 1。

在結構方程模式分析中，像古典的探索是因素分析一樣，也經常將外生的潛互變數的變異數設為 1。

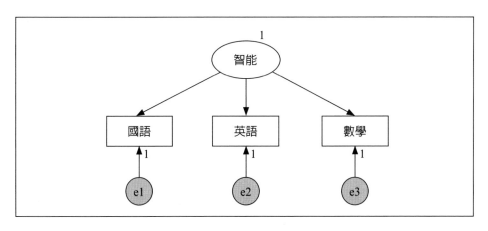

以上介紹 3 個有名的方法作為解決識別問題的條件。

4-14 識別問題的解決方法(3)

今對實際的資料考慮方法 (a) 後製作路徑圖，再輸入到軟體看看。

表 4-2　資料

NO.	x	y	u	v
1	9	8	6	8
2	10	7	8	10
3	5	5	6	6
4	8	9	7	8
5	7	7	7	8
6	10	8	8	8
7	8	6	7	6
8	7	7	6	7
9	9	8	8	9
10	10	9	9	8
11	4	3	4	3
12	10	10	10	10
13	9	9	7	7
14	6	7	6	9
15	10	9	8	9
16	9	9	10	8
17	7	8	6	7
18	7	7	8	7
19	4	6	5	4
20	6	6	7	7

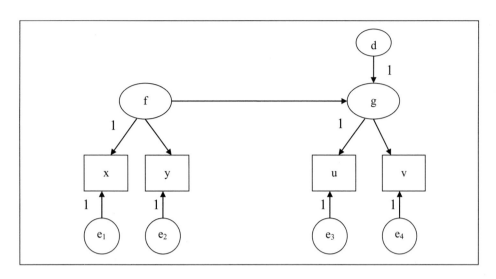

針對此資料與路徑圖的計算結果，可得出如下。

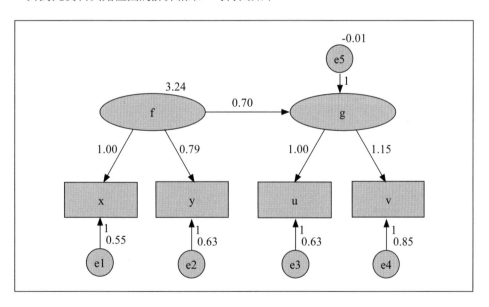

模式可以被識別，參數也可以求出。結構方程模式分析的計算成功。

■不要為數學苦惱，以電腦執行分析

可是，事情也有無法單純進行的。即使使用此處所介紹的方法，無法解決識別問題的情形也有很多。譬如，依資料的不同，對相同模式來說有能辨識模式的，也有未能辨識模式的情形。

即使如此說，也不必太深入地去討論。眼前是要準備有電腦以及可執行統計分析軟體。與其在識別問題上為數學苦惱，不如先將路徑圖輸入電腦中去計算看之。如果無法識別時，再當場修改模式即可。一面從各種角度去設計一面及時地製作最好的模式，是結構方程模式分析最難得之處。

一面從各種角度去設計一面及時地製作最好的模式，是結構方程模式分析最難得之處。

知識補充站

微軟創辦人比爾・蓋茲成功故事系列之一：痴迷電腦的天才少年

蓋茲是為電腦而生的，而他也把電腦帶入到了一個美麗的新世界。

蓋茲進入湖濱中學之後迷上了電腦，從此就無心上其他課，每天都泡在計算中心。從 8 年級開始，他就和同學一起幫人設計簡單的電腦程式，以此賺取零用錢。蓋茲的好朋友保羅・艾倫（後來和蓋茲一起創立了微軟公司）回憶說：「我們當時經常一直用到三更半夜，我們愛死了電腦軟體的工作，那時侯我們玩的真開心。」

蓋茲說：「那時侯，保羅常常把我從垃圾桶上拉起來，而我卻繼續趴在那裡不肯起來，因為在那裡我找到一些上面還沾著咖啡渣的程序設計師的筆記或字條，然後我們一起對著這些寶貴的資料研究作業系統。」

蓋茲上 9 年級的時候，TRW 公司的工程師在架設西北輸電網絡時遇到了問題，一籌莫展。這時候，他們發現了湖濱中學計算中心的一份《問題報告書》，當場打電話給製作這份報告的兩位「偵測錯誤大師」（蓋茲和艾倫），希望他們兩人能來幫助排除問題。但他們壓根沒有想到，這兩位大師居然只是 9 年級和 10 年級的學生！

Note

4-15 所得結果之評價(1)

■確認模式的可靠性

　　至前節為止，為了讓路徑圖上所畫的模式能適配資料，調查了模式所含的參數的推導方法。此處，就它的計算結果的可靠性進行調查。

　　以表示路徑途上所表現的模式有多少可靠性之指標來說，已提出有各種的方法。其中最有名是如下三者：

表示模式可靠性的指標：
(a) χ^2 檢定的利用。
(b) 殘差平方平均平方根（RMR）。
(c) 適合度指標（GFI）。

　　關於 (a)、(b) 已在第 3 章中提及過，但此處再說明一次。

1.χ^2平方檢定的利用

　　如利用最大概似估計法時，是使誤差函數（4-9 節的⑤式）

$$f_{ML} = tr(\Sigma^{-1}S) - \log|\Sigma^{-1}S| - k \qquad \text{①}$$

為最小來決定參數之值。此f_{ML}是指模式與實際資料之符合程度，表現模式適配資料之好壞。

　　如果愈小，模式與資料的適合度愈佳，愈大就愈差。可是，「大」、「小」是相對的。多少才是「大」，多少才是「小」需要有判斷基準。

　　因此即有 χ^2 的出現。此值是利用①式，如下加以定義。

χ^2 的定義：

$$\chi^2 = (n-1)f_{ML} \qquad \text{②}^{[註 15]}$$

---

　　n 是資料的個數，亦是樣本的大小。統計學的世界中，此 χ^2 值形為自由度 df 的 χ^2 分配。此處的 df 是指如下之值。

自由度：

$$df = \frac{1}{2}k(k+1) - p \qquad （k為觀測個數，p為參數個數）$$

[註 14] 在 Amos 中，此 χ^2 稱為乖離度。

因此，可以檢定以下的假設。

H_0：路徑圖上所表示的關係是正確的。

亦即以②式所求出的 χ^2 值是否落入 χ^2 分配的否定域中，即可檢定假設 H_0。

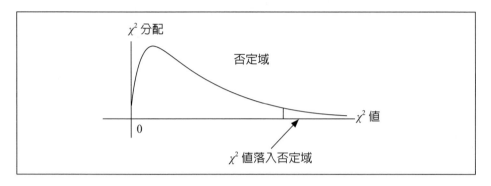

χ^2 值亦由軟體求出。如利用此值進行 χ^2 檢定時，即可檢查以上的假設。

軟體除 χ^2 外，也可求出 p 值。所謂 p 值是取比 χ^2 值大之值的機率[註15]，如它比顯著水準小，則否定假設。

請再看一次假設 H_0。在一般的檢定中，此即為虛無假設，以被否定作為前提。於是所期待的是支持對立假設，即：

H_1：路徑圖上所表示的關係是錯誤的。

[註15] 在 Amos 中，此 p 值稱為「顯著機率」。

4-16 所得結果之評價(2)

　　目前的情形，虛無假設被否定是很困擾的。因為是特地製作出來的模式，因之希望不被否定。因此，結構方程模式分析中所利用的 χ^2 檢定，與平常的統計學中所利用的假設檢定在想法上是相反的。

　　換言之，結構方程模式分析中的 χ^2 檢定，是消極意義的檢定。並非積極意義地支持正確，而是基於「不被否定」才支持的。

　　由②的 χ^2 定義似乎可知。資料的大小 n 愈大，此 χ^2 值會隨之增大。因此，數據數如果增加，反而容易被否定，有此諷刺的性質。這是令人頭痛的性質。因為數據數如果增加，理所當然可靠性應該要增加才是。

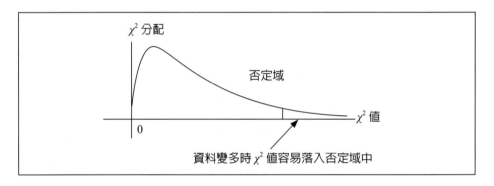

　　因此，提出表現模式適配的好壞與否的各種指標，與此 χ^2 檢定並用。其中較為有名的是以下要調查的 RMR 與 GFI。

2. 殘差平方平均平方根（RMR）

　　在表示模式適配的好壞程度之適合度之中，最容易了解的指標是殘差平方平均平方根（root mean square residual，簡稱 RMR）。

　　這是以下式加以定義。

殘差平方平均平方根 RMR：

$$\text{RMR}^2 = \frac{\left(s_x^2 - \sigma_x^2\right)^2 + \left(s_y^2 - \sigma_y^2\right)^2 + \cdots + \left(s_{xy} - \sigma_{xy}\right)^2 + \cdots}{\dfrac{n(n+1)}{2}} \qquad ③$$

　　此處有關 σ 的變異數、共變異數是由模式所得到的理論值，另外，有關 s 的變異數、共變異數是表示由資料所得到的實測值。

　　③式右邊的分子的各項是就變異數、共變異數的各成分取實測值與理論值之誤差的平方。將這些合計，除以變異數、共變異數的總數之後，取其平方根者即為 RMR。

　　像這樣，RMR 是針對每一個變異數、共變異數表示其理論值與實測值之誤差的平方根。因此，RMR 之值愈接近 0，模式愈接近實際。RMR 的實際計算從外表來看有些麻煩，因之交給軟體來執行吧。4-17 節的圖是 Amos 的輸出結果。

　　由定義式③似乎可知，飽和模式的 RMR 值成為 0。並且，假定變數間並無相關的最單純模式（稱為獨立模式）是取最大值，因之與 0 及最大值之比較，來檢定模式的 RMR 之大小。

知識補充站

微軟創辦人比爾‧蓋茲成功故事系列之二：創業的艱辛

　　1973 年夏天，蓋茲以全國資優學生的身分，進入了哈佛大學。在那裡，他仍然無法抵抗電腦的誘惑，於是就經常逃課，一連幾天在電腦實驗室整晚寫程序、打遊戲。

　　1975 的冬天，蓋茲和保羅從 MITS 的 Altair 機器得到了靈感的啟示，看到了商機和未來電腦的發展方向，於是他們就給 MITS 創辦人羅伯茨打電話，說可以為 Altair 提供一套 BASIC 編譯器。羅伯茨當時說：「我每天都收到很多來信和電話，我告訴他們，不論是誰，先寫完程式的可以得到這份工作。」於是蓋茲和保羅回到哈佛，從一月到三月，整個 8 個星期，他們一直在蓋茲的寢室裡，沒日沒夜地編寫、調試程式，他們幾乎都不記得寢室的燈幾時關過，最後，他們終於成功了，兩個月通宵達旦的心血和智慧產生了世界上第一個 BASIC 編譯器，MITS 對此也非常滿意。

　　三個月之後，蓋茲敏感地意識到，計算機的發展太快了，等大學畢業之後，他可能就失去了一個千載難逢的好機會，所以，他毅然決然地退學了。然後，和保羅創立了微軟公司。

　　公司剛起步的時候，衝勁十足、精力充沛的蓋茲和保羅根本就不知道什麼是疲倦和勞累，他們在一間灰塵瀰漫的汽車旅館中租用了一間辦公室，開始了艱苦的創業旅程。他們擠在那個雜亂無章、噪音紛擾的小空間中，沒日沒夜地寫程式，餓了就吃個比薩充飢，實在累的受不了了就出去看場電影或開車兜兜風。

　　正當他們不知疲倦朝著夢想的電腦王國挺進的時候，微軟捲入了一場災難性的官司中。

　　當時軟體盜版情況特別嚴重，大大損害了蓋茲的利益，蓋茲認為羅伯茨對市場上 BASIC 編譯器的盜版應該負責，於是將它收回賣給了 Perterc 公司，但這之前他曾經和羅伯茨簽署過該軟體的協議，允許 MITS 在十年內使用和轉讓 BASIC 程序和原始碼。

　　很快，MITS 就將微軟送了法庭的被告席，高昂的律師費令蓋茲不知所措，與此同時，Perterc 也拒絕支付微軟版權費，法院仲裁過程慢如蝸牛，收入的減少和龐大的開支把微軟送到了瀕臨破產的境地，蓋茲和保羅幾乎都捱不過去了。

　　蓋茲對那段經歷至今歷歷在目：「他們企圖把我們餓死，我們甚至付不出律師費，所以當他們有意與我們和解時，我們幾乎就範。事情到了那麼糟糕的地步，仲裁者用了 9 個月才發布那該死的裁決……」。

　　不過，他們終於熬過來了，微軟贏了這場官司。

　　其實，蓋茲當時完全可以向父母借錢，相信他的父母也會幫他度過難關的，但他沒有，蓋茲堅持微軟必須自力更生。蓋茲就是這樣自己白手起家、艱難地、一步一步打下天下的。

　　蓋茲一直是一個以工作狂而著稱的人物，即使到了 39 歲結婚的時候，他還經常加班工作到晚上 10 點以後，對於以前任何一個億萬富翁來說，這都是沒有的事。儘管微軟公司一向以員工習慣性加班拚命工作而聞名，但那些工作的眼冒金星的員工還是心悅誠服地說，他們之中幾乎沒有誰能比蓋茲更辛苦。

4-17 所得結果之評價(3)

3.適合度指標（GFI）

與前述所討論的 χ^2 檢定約略相同經常用在模式的評價的是適合度指標，通常略稱為 GFI（Goodness of Fit Index），如下定義。

適合度指標（GFI）：

$$GFI = 1 - \frac{tr\left(\left(W(S - \Sigma)\right)^2\right)}{tr\left(\left(WS\right)^2\right)}$$

S：實際的變異數・共變異數；Σ：來自模式的變異數・共變異數；
W：加權矩陣

在此 GFI 的定義中，S 是表示由資料所得到的變異、共變異矩陣，Σ 是表示由模式所求出的變異、共變異矩陣。另外，W 稱為加權矩陣，一般是利用 Σ^{-1}。

GFI 也與 RMR 一樣可由軟體求出。下圖是 Amos 的輸出例。

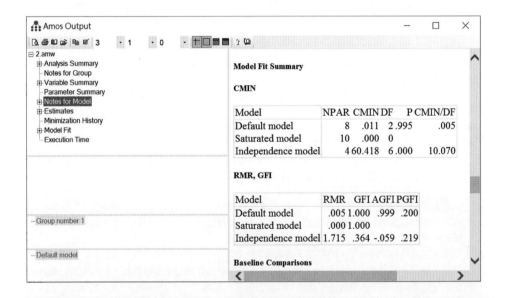

由定義式似乎可知，計算值與實測值完全相等時（亦即），GFI 之值即為 1。亦即 GFI 具有如此的性質，即模式如果符合實際時，GFI 接近 1，如果愈不符合，即愈接近 0。飽和模式的 GFI 值即為 1。

如第 3 章所調查的，GFI 在 0.9 以上成為一個正確模式的基準。雖然是經驗上的依據，但卻是一般默認所採用的基準。

以上在模式評價上調查了 χ^2 檢定、RMR、GFI。除此之外，也仍有各種的適合度指標當作結構方程模式分析的評價指標加以利用（請參照 Amos 的輸出圖）。只要能在使用之中逐漸熟悉這些是最好不過的了。

最後，即使從這些的評價結果查明模式並無大錯，那麼就當作「OK」是不行的，此事也要事先表明。

在結構方程模式分析中模式的製作是自由的，可以考慮各種的模式。以此處所調查的評價法得出相當的評分，也不過是驗證其中一個模式而已。因此，要從分析者的經驗與知識來考察各種模式，尋找其中最好的模式才行。

以最適模式的選擇法而言，可以考慮如下事項。

(a) χ^2 值、適合度指標（RMR 與 GFI）要更適配。
(b) 要簡單。

(a) 是理所當然，(b) 也許不需要註釋。(b) 是與統計學的目標有關。如果是具有相同的 χ^2 值或適合度指標時，則應採用更為簡單的。也就是說，統計學的原本主旨是從複雜的資料尋找簡單的法則。

選擇最適模式時，應觀察 χ^2 值或適合度指標。

4-18 所得到的路徑係數的顯著性(1)

■檢定參數

前節是說明利用 χ^2 檢定等來檢定整個模式的正確性。此處，就模式所含的各個參數的估計值的正確性予以調查看看。以前面所討論的資料與路徑圖為例來說明此事。

表 4-3　變數的資料

No.	x	y	u	v
1	9	8	6	8
2	10	7	8	10
3	5	5	6	6
4	8	9	7	8
5	7	7	7	8
6	10	8	8	8
7	8	6	7	6
8	7	7	6	7
9	9	8	8	9
10	10	9	9	8
11	4	3	4	3
12	10	10	10	10
13	9	9	7	7
14	6	7	6	9
15	10	9	8	9
16	9	9	10	8
17	7	8	6	7
18	7	7	8	7
19	4	6	5	4
20	6	6	7	7

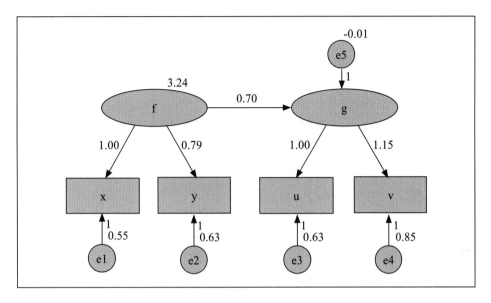

由 4-14 節的計算，譬如潛在變數 f 與觀測變數 y 之路徑係數是 0.787（上面的路徑圖，經四捨五入成為 0.79）。

$$y = 0.787 \times f + e_2 \qquad ①$$

以統計學的角度來說，此 0.787 之值是偶然的。因為從為數甚多的人之中偶然地利用特別的 20 人之資料，所以是有些擔心。也就是說，原本或許是不同之值。

結構方程模式分析為了消除此種顧慮，就會有麻煩的計算。而這一向都是複雜式子的陣列。可是，請放心。關於麻煩的計算，電腦可為我們分憂解勞。

麻煩的數學計算，就交給電腦操作吧！

4-19 所得到的路徑係數的顯著性(2)

舉例來說，請看 Amos 的輸出結果。下圖是對先前的資料與路徑圖所計算的結果。

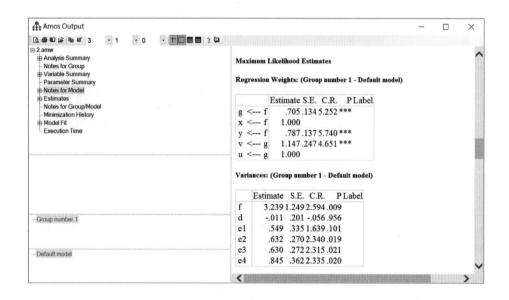

此處試調查看法看看。顯著水準當作 5%，討論虛無假設：

H_0：由 f 到 y 的路徑係數是 0

（亦即，潛在變數 f 無助於觀測變數 y 的說明）

由上面的計算結果知，此假設的實際機率（P 值）是 0.***，顯示極小。亦即，否定此虛無假設。因此，對立假設：

H_1：路徑係數不是 0

（潛在變數 f 有助於觀測變數 y 的說明）

是成立的。並且它的路徑係數之值即為前節①所表示的 0.787。

只要觀察上面的輸出例似乎可以知道，對各參數來說，顯示有此虛無假設實現之機率。以此可以進行各參數的檢定。

知識補充站

各種適合度指標

　　在前面討論中，以模式的評價來說，調查了 χ^2 值（乖離度，Bias）、RMR、GFI、RMSEA 等。在結構方程模式分析中所利用的評價法，除此 3 者之外，也提出有各種的方法。此處介紹其中幾個。

· 已修正 GFI（AGFI，Adjusted GFI）

　　本文所調查的 GFI，與模式的好壞無關，如估計的參數增加時，其值愈接近 1 而有此性質。並且觀測變數的個數增加，也有接近 1 的性質。修正此事的適合度指標即為此 AGFI。與迴歸分析的「已調整之判定係數」類似。

　　與 GFI 一樣，具有愈接近 1 適合度愈好的性質。可是適合度不佳時也有取負值的情形。

· 儉效已修正 GFI（PGFI，Parsimony GFI）

　　與 AGFI 一樣，為了彌補 GFI 的缺點所提出的適合度指標。

· 基準化適合度指標（NFI，Normed Fit Index）

　　將獨立之模式的乖離度（χ^2 值）除以飽和模式的乖離度，再由 1 減去。取 0 到 1 之值，愈接近 1，模式的適合度判斷愈佳。

· 相對適合度指標（RFI，Relation Fit Index）

　　NFI 是調查獨立模式與飽和模式之乖離度之比，相對的，此指標是調查以自由度除這些之後的比。與 NFI 一樣，取 0 到 1 之值，愈接近 1，判斷適合度模式愈佳。

Note

第5章
結構方程模式分析的類型

本章擬將結構方程模式分析中可以求解的有名類型加以整理。在研究的行程上，也提供幾個能識別的有名模式。理解這些並加以組合時，即可建立更為複雜的模式。

5-1 各種模式與結構方程模式分析

■能被識別的基本模式

目前爲止說明了結構方程模式分析的概論與體系。就像結構方程模式分析被稱爲「新世代的多變量分析」那樣，可以自由製作統計分析模式，也可簡單地加以解釋。並且，可以容易掌握潛在變數的構造。以往的多變量分析只能將解釋模式固定地製作，與其相比，結構方程模式分析之出現彷彿有隔世之感。

可是，結構方程模式分析會有識別性問題，有能解與不能解者。以實際的專用分析軟體來調查時，有時也會遭遇到「無法識別」的訊息。

因此，本章擬將結構方程模式分析中可以求解的有名類型加以整理。在研究的行程上，也提供幾個能識別的有名模式。理解這些並加以組合時，即可建立複雜的模式。

將這些有名的模式取上名稱，並以簡單的路徑圖將這些加以整理[註1]。

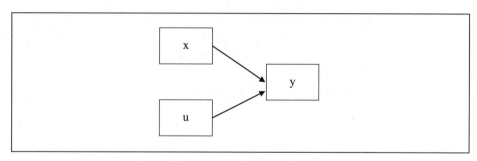

圖 5-1　迴歸分析模式

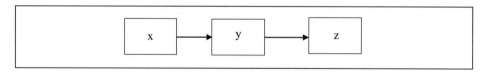

圖 5-2　路徑分析模式

[註1]　省略誤差變數。它們是被附加內生變數中。

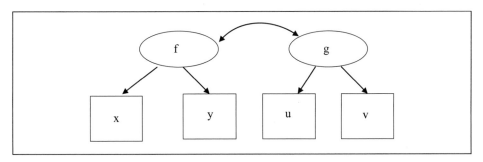

圖 5-3 確認式因素分析模式

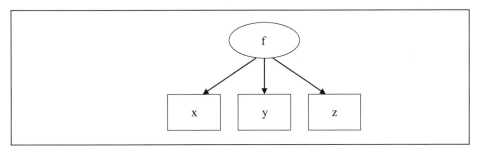

圖 5-4 探索式因素分析模式

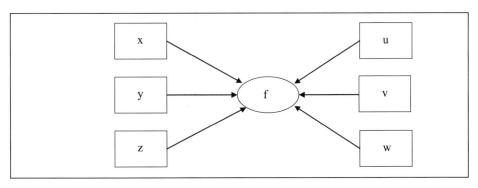

圖 5-5 MIMIC 模式

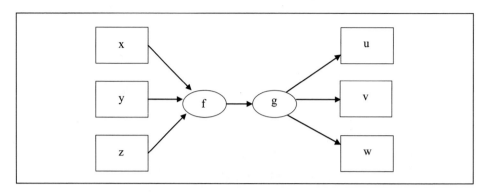

圖5-6　PLS 模式

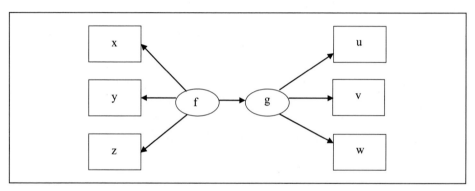

圖5-7　多重指標模式

■如能拿捏基本時應用就很簡單

本章擬詳細調查這些的基本模式。如先前所敘述的，如能拿捏這些基本模式時，就能夠廣泛地應用。譬如，請看以下稱之爲二階因素模式。此爲基本型之探索式因素分析模式之組合。對於此種的應用模式也會在本章中加以調查。

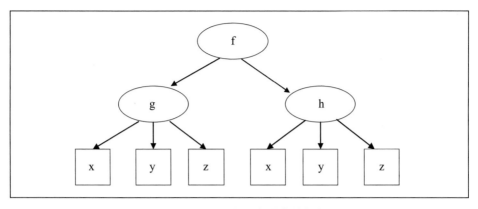

圖 5-8　二階因素分析模式

　　除了這些基本型之外，本章也介紹了 2 個發展型的內容。分別是「多群體的同時分析」與「平均結構分析」。

結構方程模式有很多類型，讓您愈學愈有趣！

5-2 迴歸分析模式與結構方程模式分析

■迴歸分析是多變量分析的基本

調查 2 個以上觀測變數之關係者是多變量分析。在多變量分析之中最有名也常加利用的手法是迴歸分析[註2]。試調查此迴歸分析與結構方程模式分析之關係。

迴歸分析是將資料所含的一個變數,以其他變數的式子來表現的分析方法。譬如,試調查以下的資料。

表 5-1　各地區的犯罪件數、超商家數、社會福利設施數、總面積

都市名	犯罪件數	超商家數	社會福利設施數	總面積
A	40793	75	364	1121
B	27036	94	363	788
C	31421	24	160	272
D	219944	180	2833	621
E	27013	29	323	144
F	67620	104	493	435
G	76954	52	514	326
H	36510	34	591	610
I	107335	74	1081	221
J	31142	49	705	550
K	29194	33	357	742
L	30822	27	519	484
M	55501	35	411	339

這是調查大都市中所報告的犯罪件數、超商家數、社會福利設施數以及各都市的總面積。試從資料調查犯罪件數是與超商家數、社會福利設施數、總面積之間有何種的關係。亦即,以犯罪件數當作目的變量來討論迴歸分析。

■首先是迴歸分析

首先,將一般的迴歸分析所得到的迴歸式表示如下:

犯罪件數 = 16146.63 − 529.47 × 超商家數 + 45.44 × 社會福利設施數 − 33.30 × 總面積　　　　　　　　　　　　　　　　　　　　　　　　　　　①

此利用 SPSS 的「迴歸分析」工具即可簡單求出。輸出結果顯示如下：

模式	R	R 平方	調過後的 R 平方	估計的標準誤
1	.974[a]	.948	.931	14175.74

a. 預測變數：（常數），總面積，社會福祉，超市店舖；b. 依變數：認知犯罪

變異數分析 [b]

模式		平方和	自由度	平均平方和	F 檢定	顯著性
1	迴歸	3.293E+10	3	1.098E+10	54.615	.000[a]
	殘差	1.809E+09	9	200951574		
	總和	3.473E+10	12			

a. 預測變數：（常數），總面積，社會福祉，超市店舖；b. 依變數：認知犯罪

係數 [a]

模式		未標準化係數		標準化係數	t	顯著性
		B 之估計值	標準誤	Beta 分配		
1	（常數）	16145.654	9617.966		1.679	.128
	超市店舖	529.667	196.062	.430	2.702	.024
	社會福祉	45.422	12.286	.580	3.697	.005
	總面積	-33.312	15.803	-.167	-2.108	.064

■結構方程模式分析使迴歸分析重現

此次，將此迴歸分析以結構方程模式分析調查看看。迴歸分析的路徑圖表示如下：

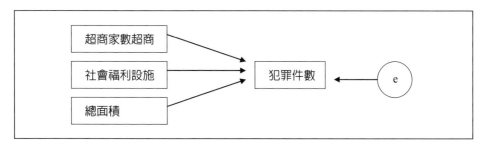

圖 5-9　路徑圖

試以此路徑圖分析資料。以 Amos 所計算的結果如下：

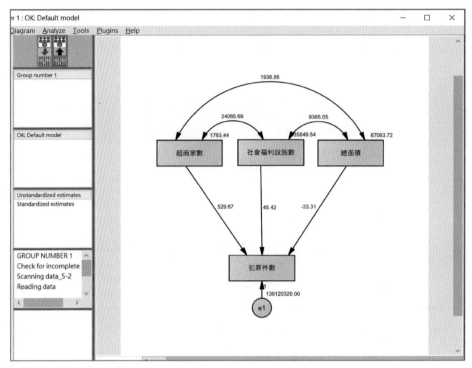

圖 5-10　計算結果

請看路徑係數。

超商家數→犯罪件數的路徑係數 = 529.67
社會福利設施→犯罪件數的路徑係數 = 45.42
總面積→犯罪件數的路徑係數 = –33.31

　　與①式所得出的迴歸係數是一致的。從此例想必可以理解結構方程模式分析是迴歸分析的擴充。【註3】

■以標準化解來分析時

　　上面所顯示之 Amos 的計算結果，是針對「原始資料」的計算結果。所處理之資料由於變數的單位不同，因之通常可以用標準化後之資料來進行分析。試將其結果表示在圖 5-11 中。

【註3】　迴歸分析模式以最小平方方法所得到的迴歸分析之結果，與利用最大概似估計法所得到的結構方程模式分析之結果是一致的。

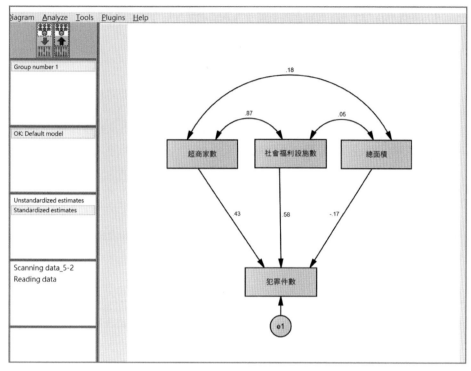

圖 5-11　標準化解

就標準化的資料表示迴歸方程式。

犯罪件數 = 0.43× 超商家數 +0.58× 社會福利設施數 −0.17× 總面積[註4]

就標準化的資料進行迴歸分析的結果，與利用結構方程模式分析所求出的結果相一致。亦即，路徑係數與迴歸係數一致，再次，查明了結構方程模式分析包含迴歸分析。

最後，迴歸方程式①附有截距 16146.63，此截距之值很遺憾在平常的結構方程模式分析中無法求出。求截距是必須要利用稱之為平均結構分析之手法。詳細情形於後面另行說明。

[註4]　此計算結果，與前面的「原始資料」的情形相同，可利用 Excel 求出。

5-3 路徑分析與結構方程模式分析(1)

■讓迴歸分析再進一步發展的路徑分析

讓迴歸分析再進一步發展，將它以路徑圖來表現的解析法已被開發出來，此即為路徑分析。

譬如，假定此處有一份資料是考察了某條街的超市家數、人口、新建住宅戶數。此時，不動產業者假定想像如下的因果模式。

超市家數多時，人口即聚集，接著即新建住宅。

此因果模式如果正確時，那麼在超市家數多的地方，不動產業者即可安心動工蓋房子。

模式的形象如以下圖示時，就會容易理解。

此即為模式的路徑圖，調查此路徑圖所表示的變數之間的關係即為路徑分析。

變數間之關係可用迴歸方程式的關係（亦即 1 次式）來表示。以上面的路徑圖所表示的迴歸方程式成為如下：

人口 $= a \times$ 超市家數 $+ e_1$ ①
新建住戶數 $= b \times$ 人口 $+ e_2$ ②

此處，e_1，e_2 是誤差（稱為殘差），a，b 是迴歸係數。路徑分析是將迴歸係數稱為路徑係數，它在結構方程模式分析中也是一樣。

像這樣，路徑分析的語法可以照樣用在結構方程模式分析中。

試將以上的 2 個式子整理成一個看看。

> 新建住戶數 $= b \times (a \times$ 超市家數 $+ e_1) + e_2$
> 　　　　　 $= ab \times$ 超市家數 $+ e_3$ ③

　　此處 e_3 是將 2 個殘差合併後之殘差。請檢視路徑係數（亦即迴歸係數）之積，再度變成路徑係數。

　　試將路徑係數填入路徑圖中看看。

　　按路徑圖上所表示的箭線順序將路徑係數相乘時，即可得出③式的路徑係數。

　　過去是重複利用迴歸分析的手法執行此圖所表示的路徑分析。可是，結構方程模式分析是以 1 次計算即可得出結果。事實上，將如下的路徑圖輸入到結構方程模式分析的軟體即可。

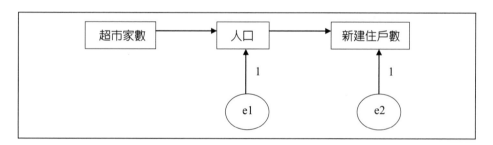

5-4 路徑分析與結構方程模式分析(2)

■實際開始分析

那麼，實際地利用此路徑圖，分析以下的資料看看。

此資料是調查某都市之中各地區的超市家數、人口、新建住戶數。

表 5-2　各地區的超市家數、人口數、新建戶數

都市名	超市家數	人口	新建戶數
A	75	1,824,195	20,281
B	34	1,009,184	12,107
C	24	888,577	9,645
D	180	8,143,270	119,268
E	29	1,252,235	18,723
F	104	3,431,664	45,564
G	52	2,172,916	27,181
H	34	1,468,165	14,273
I	74	2,599,637	33,243
J	49	1,495,450	15,719
K	33	1,127,321	11,060
L	27	1,011,823	8,219
M	35	1,343,638	21,085

那麼，執行結構方程模式分析。

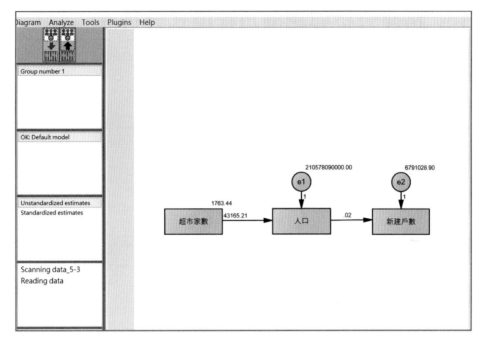

圖 5-12　輸出圖

試將輸出圖所表示的數值換成式子看看。將相當於①、②的式子具體地寫出來。

$$人口 = 43165.21 \times 超市家數 + e_1$$
$$新建住戶數 = 0.02 \times 人口 + e_2$$

非常清楚了解都市的超市家數、人口數、新建住戶數之關係。此說明某都市每增加1家超市，人口大約增加43,000人。並且，人口每增加100人，新建戶數即增加2戶。

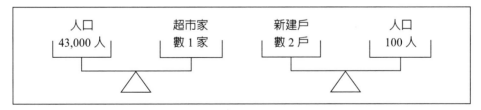

圖 5-13　超市家數、人口數、新建住戶數之關係

5-5 路徑分析與結構方程模式分析(3)

■以標準化解來分析時

因為尺度不一致，因之試求出標準化解。

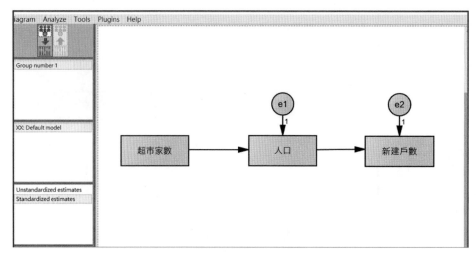

圖 5-14 標準化解

將圖上標準化解之數值，再改變成式子。

人口 = 0.97× 超市家數 + e_1
新建住戶數 = 1.00× 人口 + e_2

試利用 3-8 節的解釋方法。亦即表示：

（路徑係數）^{2}×路徑始端變數的變異數是表示對路徑終端變數的影響度（資訊量）

在標準化解中，變數的變異數是 1，所以（路徑係數）^{2} 即表現直接影響度。於是在圖 5-14 中，變數間的關係就非常清楚。

人口能以超市家數來說明的程度約 94%（= 0.97^2）。相對的，新建戶數幾乎能以人口來說明。亦即，再一步來想時，新建戶數受到來自超市家數有94%（= $0.97×1.00^2$）程度之影響。超市家數與新建戶數知有非常密切的關係。

■評價結果的可靠性

試以統計學的方式評估上述結果的可靠性。Amos 求出之結果表示於上圖中。

由此知，自由度與 χ^2 之值成為如下：

自由度＝1，χ^2 值（乖離度）＝2.165

自由度 1 的 χ^2 分配的 95% 的點是 3.84（附錄 9 之表）。雖然帶有消極面的意義，但可以認為此模式是正確的（4-15 節）[註5]。

RAR 大約是 43289.769。不適合的模式（獨立模式）是 21564236690.000，與之比較知是表示好的適合度。

又，GFI 是 0.901。超過標準的 0.9（4-15 節）。在此方面，也可以說所調查的模式是正確的。

| 🏠 Amos Output | — | □ | × |

| 📷🖨🗔📂📋✅ 3 | · 1 · | · 0 · | ✛⬜🔲🔳 ↕📖 |

| ⊟-2.amw |
| ⊕-Analysis Summary |
| -Notes for Group |
| ⊕-Variable Summary |
| -Parameter Summary |
| ⊕-Notes for Model |
| ⊕-Estimates |
| -Minimization History |
| ⊕-Model Fit |
| -Execution Time |

Model	RMR	GFI	AGFI	PGFI
Default model	43289.769	.901	.405	.150
Saturated model	.000	1.000		
Independence model	21564236688.013	.345	-.310	.173

Baseline Comparisons

Model	NFI Delta1	RFI rho1	IFI Delta2	TLI rho2	CFI
Default model	.977	.930	.987	.961	.987
Saturated model	1.000		1.000		1.000
Independence model	.000	.000	.000	.000	.000

Parsimony-Adjusted Measures

Model	PRATIO	PNFI	PCFI
Default model	.333	.326	.329
Saturated model	.000	.000	.000

Group number 1

Default model

[註5] 即使未查 χ^2 分配的表，統計分析軟體也會輸出檢定的判斷基準，譬如以 Amos 舉例來說，機率此欄中輸出有 P 值（在上例中是 0.141），將它與顯著水準比較時，即可進行檢定。

Amos 的模式中都會提
供 3 種模式，除預設模
式外也提供飽和模式及
獨立模式。

知識補充站

飽和模式、獨立模式

在 Amos 解析結果的顯示之中，除「Default model」（預設模式）外，也併列出「Saturated model」（飽和模式）、「Independent model」（獨立模式）。預設模式一欄是表示分析者在調查的模式的分析結果。

相對的，「飽和模式」與「獨立模式」是 Amos 作為參考的輸出值。「飽和模式」是總自由度成為 0，是能利用最多的參數時的模式，資料適合度成為最佳的模式。相對的，「獨立模式」是假定觀測變數間無相關最簡單的模式，解析結果是最差的。

預設模式則位於「飽和模式」與「獨立模式」之間，在這些的相對關係中調查適合度的好壞。

Note

5-6 探索式因素分析與結構方程模式分析

■潛在變數是因素分析的起源

結構方程模式分析所使用之潛在變數的想法，其起源是來自因素分析。

因素分析是美國的心理學者 Spearman 所想出的分析手法。Spearman 在教育現場考察考試成績時，想到僅以「智能」一項因素無法說明這些。此被視為因素分析的起源。

從此想法得知，因素是無法直接測量的。它是從「考試」此種能觀測的資料間接估計的。此即為潛在變數的出發點。

且說，Spearman 所使用的因素分析稱為「探索式因素分析」（exploratory factor analysis）。它是未假定觀測變數與潛在變數的事先關係，而是從計算結果去「探索」關係。於計算的最初先假定因素數，再利用這些因素與所有的觀測變數產生關係的一種固定性模式。

以先前的「智能」為例來說，可用如下的路徑圖來表現。此處 f 是「智能」因素（亦即潛在變數），x、y、z 是成績（亦即觀測變數）。

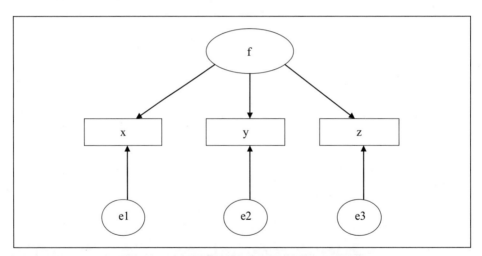

圖 5-15　對應探索式因素分析的路徑圖

試進行相當於上面的路徑圖的因素分析。

學習 Spearman 的作法，試調查以下所表示的 50 位學生的成績資料。

表 5-3　學生的成績資料

No.	國語	社會	數學	No.	國語	社會	數學
1	3	6	6	26	6	5	7
2	8	4	7	27	6	7	6
3	8	8	7	28	8	10	9
4	7	6	10	29	6	8	6
5	3	4	5	30	8	7	4
6	3	4	5	31	6	7	9
7	5	8	5	32	6	5	7
8	7	7	8	33	4	6	5
9	7	8	8	34	6	5	4
10	8	6	6	35	8	8	9
11	7	9	7	36	4	6	6
12	9	7	10	37	9	10	9
13	6	7	8	38	6	7	8
14	5	7	4	39	5	6	8
15	8	4	5	40	5	5	5
16	7	6	7	41	5	6	8
17	10	10	8	42	4	4	4
18	9	9	7	43	6	6	4
19	4	6	6	44	4	4	8
20	8	7	8	45	7	4	8
21	10	10	10	46	5	5	4
22	8	7	7	47	4	4	4
23	8	8	6	48	8	8	7
24	7	9	7	49	7	7	8
25	6	7	6	50	7	7	7

對此路徑圖的因素分析以手計算即可簡單執行（附錄8）。試將其結果以式子表示。

$$
\begin{aligned}
國語 &= 0.85 \times 智能 + e_1 \\
社會 &= 0.74 \times 智能 + e_2 \\
數學 &= 0.64 \times 智能 + e_3
\end{aligned}
\qquad ①
$$

　　接著，試將此模式進行結構方程模式分析看看。利用 Amos 的計算結果表示如下。
爲了符合古典的「探索式因素分析」，將因素「智能」的變異數初期設定爲 1，求標
準化解。[註6]

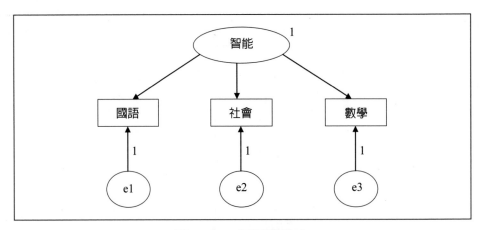

圖 5-16　　初期值設定

　　結果如下：

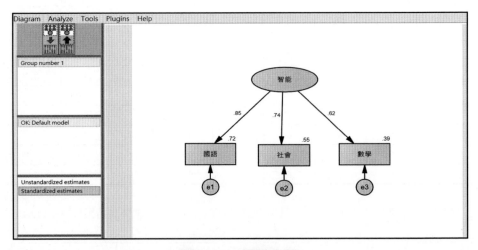

圖 5-17　　標準化解

請看路徑係數。與先前所得到的結果①相比，知到小數第 2 位為止是一致的。與迴歸分析（5-2 節）的情形一樣，可以確定的是結構方程模式分析包含古典的因素分析（探索的因素分析）。

■解釋分析結果

在已標準化之觀測變數「國語」中，「智能」所占之影響力的比率，試以變異數表示看看。如 2-7 節、3-8 節所說明的那樣，可以如下計算。

$$0.852\times \text{智能的變異數} = 0.852\times 1 = 0.72$$

變異數可以想成是該變數所具有的資訊量。因此，得知「國語」的資訊量能以「智能」因素說明 7 成以上。同樣，「智能」對「英語」「數學」的影響比率分別是 0.55，0.39。從先前的資料來看，得知「國語」是最能敏感地表現「智能」因素。[註7]

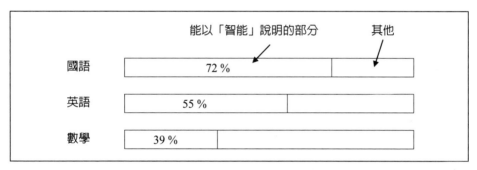

圖 5-18 「智能」在各觀測變數中的比率

附帶地如觀察 Amos 的輸出結果，可以知道此模式的自由度是 0（亦即飽和模式）。因此，χ^2 檢定並不具有意義。又，因為是飽和模式，RMR 之值是 0，GFI 之值是 1。

[註7] 雖然先出現「智能」的用語，但目前所調查的潛在變數是否能表現「智能」，事實上還未確定，從此種的計算結果，要以「探索的方式」來查證它。

5-7 確認式因素分析與結構方程模式分析(1)

■讓因素分析飛躍起來的確認式因素分析

一如前節所調查的那樣，結構方程模式分析中所利用的潛在變數的想法，它的起源是探索式因素分析。從路徑圖來看，似乎可知探索式因素分析一定是從因素向各變數畫路徑。分析者的意見毫無加入之餘地，模式類型化、僵硬化。因此，就會想要更自由地畫出因素（潛在變數）與變數（觀測變數）之關係。

譬如，在前節的例子中，試將智能的因素分成「理科面的智能」與「文科面的智能」來想。此時，過去的探索式因素分析，是固定的畫出如下的路徑圖。

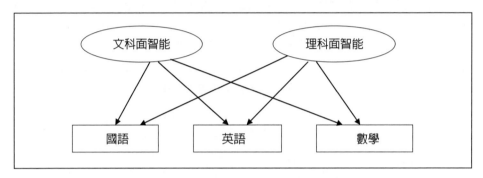

圖 5-19　探索式因素分析的路徑圖

可是，想要畫的關係並非如此而已。數學只受到來自「理科面智能」之影響，國語只受到來自「文科面智能」之影響，也可想到此種的模式。換言之，也可考慮如下的路徑圖。

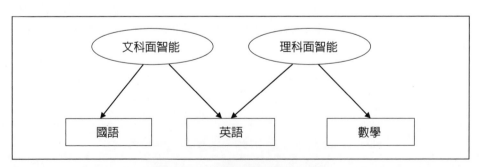

圖 5-20　確認式因素分析例

　　另外，探索式因素分析一般是讓2因素獨立來考慮，但是想假定相互間有關連的情形也有。因此，也可考慮如下的模式。

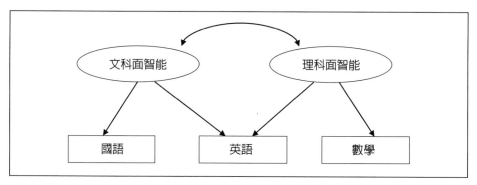

圖 5-21　兩因素不獨立的確認式因素分析模式

　　像這樣，可以自由組合因素與變數之關係，想確認、驗證它的方法稱為確認式因素分析（或驗證式因素分析）。

　　然而，觀察此確認式因素分析的路徑圖似乎可以知道，確認式因素分析只是通常的結構方程模式分析的1個例子而已。因此，利用結構方程模式分析的專用軟體，即可簡單分析。

　　下頁所表示的資料，是針對某大超市40家進行意見調查之結果。觀察此資料，試著假定如下所表示的2個因素與觀測變數之關係看看。

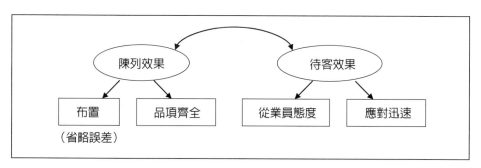

圖 5-22　確認式因素分析的模式例

5-8 確認式因素分析與結構方程模式分析(2)

表 5-4 意見調查資料

No.	布置	品項齊全	從業員態度	應對迅速
1	5	3	6	6
2	6	7	6	8
3	5	3	6	4
4	4	6	5	6
5	6	8	6	9
6	9	8	10	10
7	5	5	6	7
8	3	4	3	4
9	5	6	6	6
10	6	6	6	7
11	4	6	6	6
12	5	6	7	8
13	6	6	6	6
14	4	4	4	4
15	3	3	4	4
16	5	5	5	5
17	4	5	5	4
18	3	4	3	3
19	4	3	5	3
20	6	6	5	4
21	4	4	5	3
22	8	8	7	8
23	6	8	6	6
24	3	3	5	3
25	5	5	8	9
26	6	7	10	9

No.	布置	品項齊全	從業員態度	應對迅速
27	5	3	4	4
28	4	6	6	5
29	6	6	6	8
30	9	7	7	9
31	8	9	7	9
32	5	6	8	7
33	9	5	8	9
34	5	6	5	7
35	7	7	8	9
36	7	5	7	6
37	6	8	6	6
38	8	9	8	8
39	6	5	8	7
40	4	4	6	7

　　意見調查項目的「布置」、「品項齊全」，想成是能以「陳列效果」此因素來說明。另外，「從業員態度」、「應對迅速」之項目，想成能以「待客效果」之因素來說明，同時，此 2 因素「陳列效果」、「待客效果」可以想成有密切的關係。因此，也要考慮它們的共變異數（雙向箭頭）。

5-9 確認式因素分析與結構方程模式分析(3)

■將確認式因素分析以結構方程模式分析來執行

立即將路徑圖上所表示之模式，以結構方程模式進行分析。顯示出初期設定的圖，以及容易比較路徑係數的標準化解。

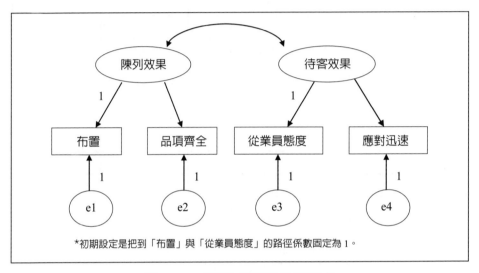

圖 5-23 確認式因素分析模式

分析結果如下（標準化解）。

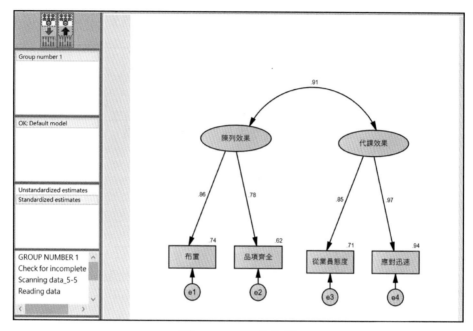

圖 5-24　標準化解

試觀察分析結果（標準化解）。首先看一下與「陳列效果」此因素有關的部分。

布置 = 0.87× 陳列效果 + e_1
品項齊全 = 0.79× 陳列效果 + e_2

　路徑係數大，陳列效果頗能說明「布置」與「品項齊全」的觀測變數。
　事實上，標準化解時，由於路徑的始端變數的變異數成為 1，因之，路徑係數的平方即表示影響度（2-7 節，3-8 節）。因此，「陳列效果」的影響度可以表示成下圖。

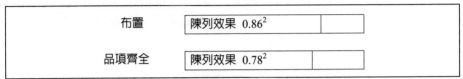

圖 5-25　陳列效果在各項目之影響度

　其次，試調查與「待客效果」有關的部分看看。

$$從業員的態度 = 0.84 \times 待客效果 + e_3$$
$$應對迅速 \quad = 0.95 \times 待客效果 + e_4$$

　由此知，「待客效果」也非常能說明「從業員態度」與「應對迅速」的 2 個變數。與上面相同，路徑係數的平方是表示影響度，因之將它圖示即為如下。

| 從業員態度 | 待客效果 0.84^2 | |
| 應對迅速 | 待客效果 0.95^2 | |

圖 5-26　陳列效果在各項目之影響度

　超市的 4 個項目，知能以「陳列效果」與「待客效果」的 2 因素大略地說明。
　其次，試觀察 2 因素的關係。相關係數得出是 0.92，如當初的預料，知 2 因素有相當大的關係。能高明陳列的店員，也一併具有待客態度之意識，此事也能以數值的方式來表示。

■試進行分析結果的評價看看
　試進行模式的評價看看。下圖是 Amos 的評價輸出例。

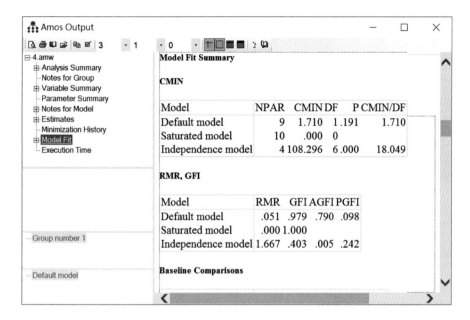

從此資料知，自由度與 χ^2 值如下所示。

自由度 = 1，χ^2 = 1.710

χ^2 分配的 95% 點是 3.84（附錄 9），此模式似乎並無太大的差錯。

RMR 是 0.051，由 Amos 的計算結果似乎可知，飽和模式是 0，獨立模式是 1.667，所以表示適合度佳。另外，GFI 是 0.979。超過常識標準的 0.9。在此方面，所調查的模式在統計學上也是可以認同的。

GFI 是模式好壞與否的常用指標。大於 0.9 表示適合度佳。

知識補充站

從確認式因素分析到結構方程式分析

2 因素之關係如果密切時，可以嘗試以 1 個因素來說明一切。

如將它以路徑圖表現時，即為如下。

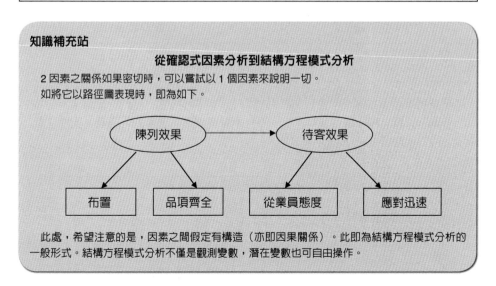

　　此處，希望注意的是，因素之間假定有構造（亦即因果關係）。此即為結構方程式分析的一般形式。結構方程式分析不僅是觀測變數，潛在變數也可自由操作。

5-10 MIMIC模式與結構方程模式分析(1)

■原因與結果之間放入潛在變數時

當討論 2 個觀測變數的因果關係時，途中想放入潛在變數的情形也有。譬如：

投資 X 元研究開發費→專利取得件數 U 即增加

當討論此觀測變數 X，U 的因果關係時，中途想試著放入「開發力 f 已提高」之潛在變數 F。亦即觀察如下的圖示。

此種觀測變數→潛在變數→觀測變數之關係模式稱為 MIMIC 模式（multiple indicator multiple cause model）。以路徑圖表示時即為如下：

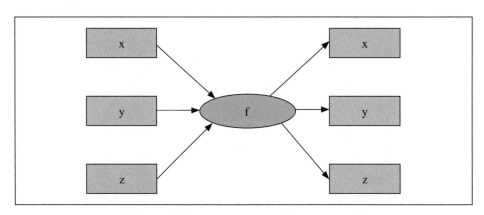

圖 5-27　MIMIC 模式

那麼試利用此 MIMIC 模式分析實際的資料。下頁所揭載的資料是有關某不動產公司的營業所資料。將一個月促銷次數、廣告單分發次數、顧客的來店數、詢問次數等四項加以整理而成。

　　觀察此資料，假定推估出如下所示以路徑圖所表示之關係。認為「廣告單」與「促銷活動」的效果可引導出「購買意願」的潛在因素，它可以反映到顧客的「來店數」與「詢問數」。

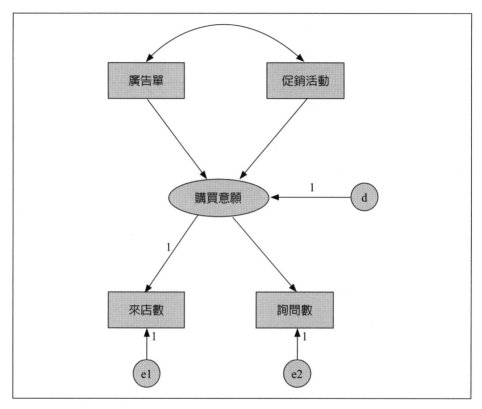

圖 5-28　路徑圖

5-11 MIMIC模式與結構方程模式分析(2)

表 5-5 某不動產的營業所資料

NO.	廣告單	促銷活動	來店數	詢問數	NO.	廣告單	促銷活動	來店數	詢問數
1	5	6	725	630	31	6	9	798	780
2	5	7	694	477	32	5	7	626	541
3	7	7	719	848	33	6	5	464	685
4	10	10	454	609	34	4	4	717	599
5	3	5	312	499	35	8	9	906	854
6	3	5	542	487	36	6	6	556	652
7	5	5	777	858	37	8	9	822	1026
8	8	8	616	767	38	7	8	774	744
9	8	8	661	835	39	7	8	538	611
10	6	6	831	631	40	6	5	511	581
11	5	7	829	921	41	7	8	785	683
12	9	10	766	746	42	5	4	685	426
13	8	8	799	701	43	6	4	780	615
14	4	4	660	726	44	4	8	649	406
15	6	5	649	418	45	8	8	687	459
16	7	7	600	618	46	4	4	438	591
17	10	8	1043	1012	47	5	4	409	487
18	7	7	995	982	48	6	7	900	840
19	5	6	656	609	49	7	8	808	789
20	8	8	886	705	50	8	7	859	739
21	10	10	1022	1053	51	6	7	610	613
22	5	7	823	719	52	6	6	791	624
23	7	6	870	863	53	8	8	719	727
24	5	7	714	961	54	3	3	493	338
25	7	6	763	745	55	8	10	711	825
26	5	7	744	521	56	6	6	765	625
27	6	6	648	747	57	9	7	606	855
28	9	9	995	1094	58	8	7	661	534
29	6	6	753	803	59	8	8	976	909
30	6	4	577	702	60	10	9	1003	945

將前面的路徑圖輸入到結構方程模式分析的軟體中，試計算看看。
下圖是利用 Amos 的計算結果（標準化解）[註8]。

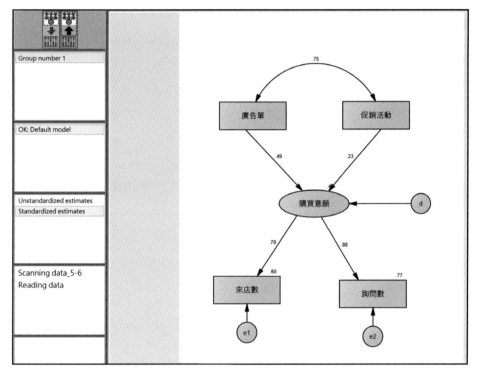

圖 5-29　標準化解

[註8]　路徑係數的初期值記載在前頁的路徑圖中。

5-12 MIMIC模式與結構方程模式分析(3)

■解釋分析結果

　　請看一下計算結果。試從此標準化解的路徑係數觀察變數的關係。首先調查「廣告單」、「促銷活動」與「購買意願」之關係。

如以式子表示分析結果時即為如下：

| 購買意願 ＝ 0.49×廣告單 ＋ 0.23×促銷活動 ＋ d ① |

　　d是誤差變數，如果此模式正確時，「廣告單」比「促銷活動」在激起「購買意願」上較為有效。事實上，路徑係數（即迴歸係數）約可得 2 倍的效果。

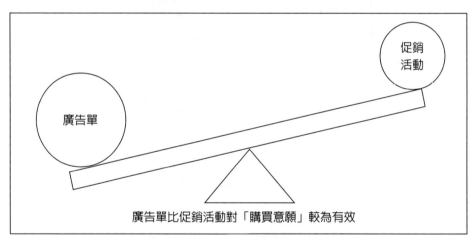

圖 5-30　重力圖

　　「廣告單」、「促銷活動」的路徑係數（偏回歸係數）分別是 0.49、0.23，數字並不大，表示購買意願無法只以此 2 個來說明。住宅的購買意願除此 2 個以外，可以想到各種的要因是理所當然的。

　　實際從先前的①式來調查對「購買意願」的影響度。由①式，從簡單的計算（3-8節，附錄 7），在「購買意願」的變異數中，「廣告單」、「促銷活動」所有的影響度即可如下求出。

$$0.49^2 \times \sigma_{傳}^2 + 0.23^2 \times \sigma_{促}^2 + 2 \times 0.49 \times 0.23 \times \sigma_{廣 \times 促}$$

此處，$\sigma_{廣}^2$，$\sigma_{促}^2$分別表示「廣告單」、「促銷活動」的變異數，在標準化解中成為1。另外，$\sigma_{廣 \times 促}$ 表示它們的共變異數，由計算結果得 0.75 之值。將以上的關係圖示時，即為如下：

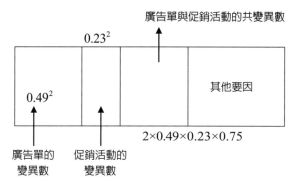

圖 5-31　購買意願的變異數

如前面一再提及的，變數的變異數可以想成是該變數具有的資訊量。「廣告單」與「促銷活動」，對購買意願的資訊像此圖那樣造成影響。注意此次「購買意願」來到式子的右邊（亦即成為獨立變數）。以式子表示分析結果時成為如下。

來店數 $= 0.78 \times$ 購買意願 $+ e_2$
詢問數 $= 0.88 \times$ 購買意願 $+ e_3$

「購買意願」的潛在變數可以好好地說明「來店數」與「詢問數」。
　「來店數」與「詢問數」此 2 個變數，以 1 個「購買意願」之潛在變數即可大略說明。

5-13 MIMIC模式與結構方程模式分析(4)

■評價結果看看

試評價計算結果。下圖是 Amos 的輸出例。

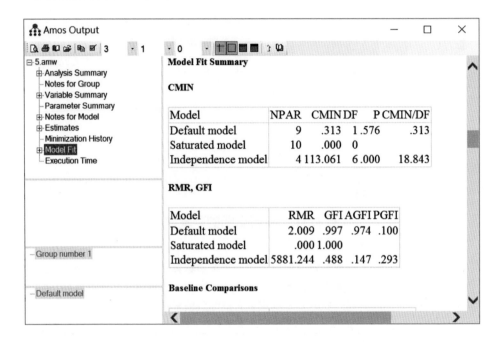

觀察剛才所表示的計算結果時，自由度與之 χ^2 值即為如下。

自由度 = 1，$\chi^2 = 0.313$

χ^2 分配的 95% 點是 3.84（附錄 9），此模式從統計學上看並無太大的差異。

RMR 是 2.009，飽和模式是 0，獨立模式是 5881，所以表示適合度佳。

另外，GFI 是 0.997。超過常識的基準 0.9。在此方面，所調查的模式從統計學上來看是可以同意的。

知識補充站

結構方程模式分析求出的變異數

針對3個變數的資料，利用如下的路徑圖，以結構方程模式分析的計算手法可以估計變異數、共變異數。

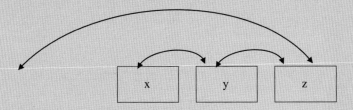

此路徑圖在結構方程模式分析之中是最原始的模式。

由此所得到的估計值，與利用變異數、共變異數的定義式（附錄2、4）所得到之值是一致的。

結構方程模式分析的軟體所計算的變異數並非是不偏變異數，一般是樣本變異數。這是因為計算上利用最大概似法的緣故。因此與Excel的VAR函數所求出之值不同。不妨注意一下[註6]。

[註9] 不偏變異數、樣本變異數請參附錄2。

5-14 PLS模式與結構方程模式分析(1)

■對潛在變數放入因果關係的 PLS 模式

比前節所調查的 MIMIC 模式更為複雜的是 PLS 模式（partial least square model）。MIMIC 模式是將 2 個觀測變數群結合之途中放入 1 個潛在變數，相對的，PLS 模式是放置 2 個潛在變數。亦即是以如下的路徑圖所表現的模式。

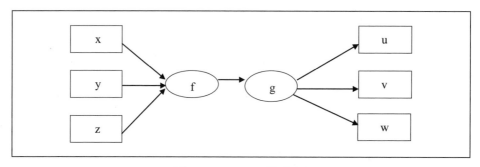

圖 5-32　PLS 模式例

PLS 模式是在潛在變數之間使之具有構造是最為出色的。古典的多變量分析無法對潛在變數的關係加以討論。基於此意，PLS 模式可以說是結構方程模式分析的最典型模式之一。

解明資料內部中潛在變數關係的一個模式即為 PLS 模式。

那麼，利用 PLS 模式實際分析資料。以下所揭載的資料是某大型機械廠將安全對策資料加以整理而成者。

表 5-6　某大型機械廠安全對策資料

課 No.	研修時間	傳達次數	安全提案數	事故報告單
1	15	11	6	5
2	19	12	4	5
3	21	15	7	5
4	22	16	7	6
5	8	3	4	8
6	19	7	5	8
7	19	0	7	6
8	21	15	8	4
9	18	10	8	5
10	21	12	8	5
11	21	15	7	6
12	21	17	8	7
13	21	15	8	5
14	20	14	5	5
15	19	6	8	6
16	18	7	6	6
17	22	17	10	3
18	21	14	9	3
19	7	13	5	6
20	21	17	7	5
21	22	16	9	3
22	22	17	6	5
23	21	16	7	4
24	20	13	6	3
25	21	12	6	6
26	21	17	7	6
27	20	14	7	4
28	20	16	8	3
29	20	16	6	6
30	18	14	7	5

5-15 PLS模式與結構方程模式分析(2)

　　以此公司的安全教育來說，是以研修與安全傳達為主。為了觀察這些效果，將員工的安全提案件數與事故報告件數整理成資料。它即為表5-6的資料。

　　以想像來說，如果增加安全的「研修時間」與「傳達次數」時，「安全意識」會提高，其結果員工就會做到更進一步的「安全努力」。於是，「安全提案件數」增加，「事故報告件數」就應該減少。

　　在此種想像之下所整理者，即為以下簡化的路徑圖。

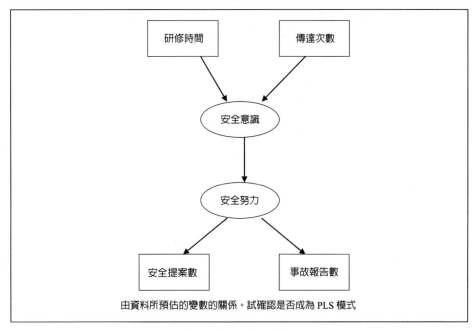

圖 5-33　路徑圖

　　那麼，將此路徑圖輸入到結構方程模式分析的統計解析軟體中計算。下圖是輸入到Amos的路徑圖與其輸出值之例。

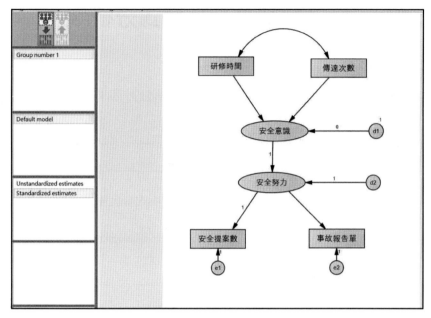

圖 5-34　初期設定

初期設定是將誤差變數 d_1 的變異數固定成 1，路徑係數固定成 0。估計結果成為如下（求標準化解）。

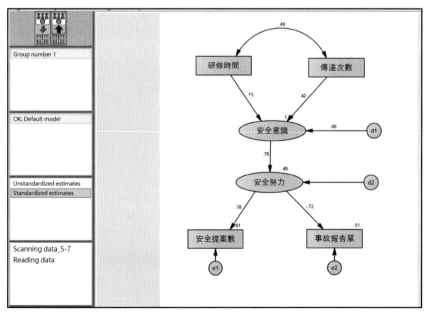

圖 5-35　標準化解

5-16 PLS模式與結構方程模式分析(3)

■解釋分析結果

　　試觀察估計結果。請注意 PLS 模式的特徵是潛在變數之間的關係。以式子表示估計結果時，成為如下。

安全努力 = 0.7× 安全意識 + d_2

　　標準化解的迴歸係數的平方即為能利用說明變量說明的資訊量，此情形，「安全努力」的 $0.72^2 = 0.49 ≒ 50\%$ 能以「安全意識」說明。

　　其次，請注意由潛在變數「安全努力」到觀測變數「事故報告件數」的路徑。以式子表示時即為如下。

事故報告數 = –0.72× 安全努力 + e_2

　　路徑係數是負數。這是表示「安全努力」增加時，事故就會變少。

　　最後調查對安全意識來說「研修時間」與「傳達次數」的關係。試以式子表示。

安全意識 = 0.73× 研修時間 + 0.42× 傳達次數

■評價結果

　　試進行模式的評價結果。計算結果如 Amos 的輸出結果。

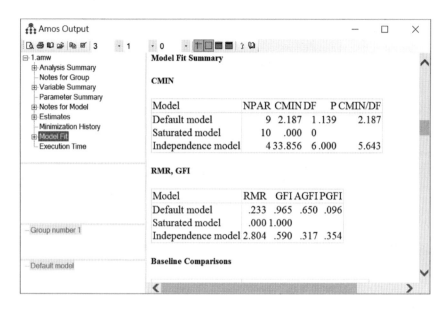

觀察結果時，自由度與 χ^2 之值即為如下。

自由度 = 1，χ^2 = 2.187

χ^2 分配的 95% 點是 3.84（附錄 9），此模式從統計學上看並無太大的差異。

以 RMR 所表示的適合度是 0.233，飽和模式是 0，獨立模式大約是 2.804，所以表示良好的適合度。

另外，以 GFI 所表示的適合度是 0.965。超過一般的基準 0.9。在此方面，也可以說所調查的模式在統計學上是可以認同的。

GFI 是模式適合度的指標
一般基準是 0.9 以上。

5-17 多重指標模式與結構方程模式分析

■調查因素的因果關係的多重指標模式

多重指標模式是組合 2 個因素分析的模式。在各個因素（潛在變數）之間假定有迴歸分析的因果關析。試表示最基本的一個模式。

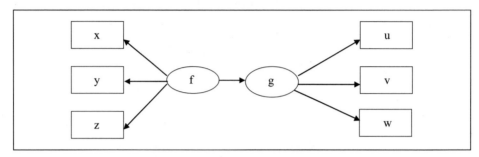

圖 5-36　典型的多重指標模式

試與前節所調查的 PLS 模式，或與 5-7 節的確認式因素分析模式比較。雖然相似，但箭頭的方向是不同的。

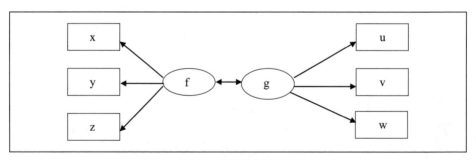

圖 5-37　確認因素分析模式

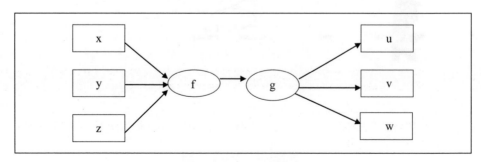

圖 5-38　PLS 模式

此模式與 PLS 模式一樣可調查潛在變數之關係。特別是多重指標模式可以調查在因素分析中所說的「因素」間的因果關係。此與 PLS 模式一樣，是古典的多變量分析中所沒有的，所以是出色的模式。

另外，如果此與 PLS 模式組合時，可以調查各種複雜的模式。結構方程模式分析的絢爛世界就會顯得多彩多姿[註10]。

那麼以多重指標模式試著分析實際的資料。以下的資料是表示某汽車經銷商的營業人員 60 人的成績。

多重指標模式也是常用的模式。PLS 模式與多重指標模式可以想成是略為複雜的模式。

表 5-7 汽車經銷商 60 位營業人員的成績

NO	顧客數	戶別訪問數	銷貨收入	銷售台數
1	663	1468	6840	63
2	454	1009	4976	78
3	835	1592	7939	75
4	641	1441	7994	107
5	468	933	4761	58
6	499	1376	5302	58
7	869	1630	7605	57
8	767	1607	8982	85
9	853	1217	8739	80
10	650	1545	8074	64
11	961	1436	7790	72

[註10] PLS 模式與多重指標模式可以想成是略為複雜所組合的模式。可是，它是否經得起識別條件與統計學的評價卻是另外的問題。

NO	顧客數	戶別訪問數	銷貨收入	銷售台數
12	797	1156	8991	101
13	760	1320	8957	81
14	721	1316	5430	49
15	463	1239	8802	55
16	694	1559	6295	70
17	1016	1727	10554	87
18	981	1414	9322	74
19	603	1442	5768	69
20	712	1242	7078	86
21	1089	1446	9687	107
22	723	1469	6958	76
23	819	1477	7380	61
24	914	1025	6579	78
25	777	1942	6406	60
26	568	1414	7997	70
27	768	1288	7500	60
28	1008	1512	8165	92
29	844	1672	6742	65
30	733	1033	7535	43
31	770	1508	8358	97
32	510	1492	6606	75
33	668	1712	6939	55
34	504	1324	5490	47
35	860	1227	9945	93
36	615	1406	5804	69
37	1067	1568	9288	96
38	772	1113	5528	86
39	641	1326	6691	84
40	543	903	6016	50
41	673	1436	7973	86

NO	顧客數	戶別訪問數	銷貨收入	銷售台數
42	428	1237	4350	43
43	689	1343	4410	41
44	466	1482	4829	84
45	483	1410	5319	87
46	577	1579	5480	40
47	431	1340	5464	43
48	836	1251	9724	72
49	718	1312	7998	86
50	790	1256	7320	77
51	632	1716	7061	70
52	689	1257	6925	67
53	706	1488	6160	82
54	311	1521	3744	39
55	836	1263	7913	100
56	652	1064	7523	62
57	869	1244	7980	74
58	570	1631	6517	70
59	926	1393	10259	89
60	954	1646	8924	93

　　請看此資料，假定按照所想的繪製出如下的構造關係。

　　首先，認為「顧客數」與「戶別訪問數」，能以「營業努力」之潛在變數來說明，「銷貨收入」與「銷貨台數」能以「銷貨能力」之潛在變數來說明。接著，從事「營業努力」的人假定也擅長「營業能力」，並設定因果關係。

　　表現此種模式即為以下的路徑圖。

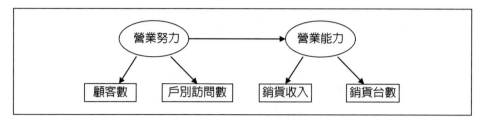

圖 5-39　模式的路徑圖

那麼在以上的預估模式下，試執行結構方程模式分析。

下圖是初期設定。分別把到「顧客數」、「銷貨收入」的路徑係數設定成 1。

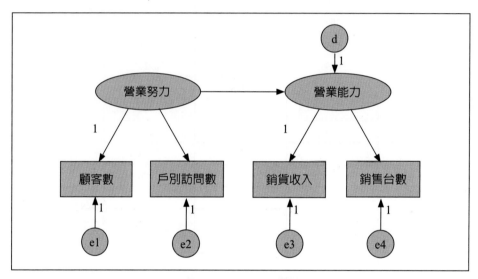

圖 5-40　初期設定

在初期設定之下所得到的計算結果（標準化解）表示如下。

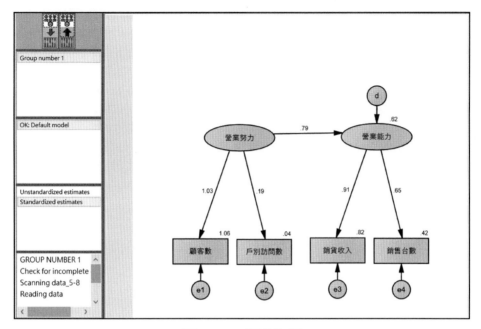

圖 5-41　標準化解

■解釋分析結果

　　「戶別訪問數」與「營業努力」之因素是以 0.19 的路徑係數相聯結。由此結果知，「戶別訪問數」與「營業努力」之因素並不太有關係。「顧客數」與「營業能力」因素是以 1.03 的路徑係數相連結。此事可知，「顧客數」與「營業能力」因素有甚深的關係。表現甚深者，路徑係數是超過 1 的緣故。

　　標準化解的路徑係數是應該在 1 以下。這是因為各變數的變異數是 1，因此路徑係數不應該超過 1。

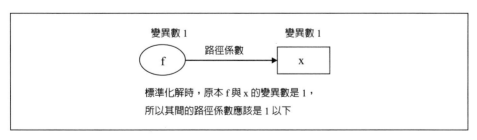

圖 5-42　標準化的路徑係數

　　雖然如此，可是從「營業努力」到「顧客數」的路徑圖卻是超過界限 1。這是導因於結構方程模式分析中所利用的估計法。對變異數・共變異數的實測值以整體而言在成為最適之下來估計參數的緣故。請記住對各個值而言，出現此種矛盾的情形也是有的。

　　「營業能力」因素與「銷售收入」、「銷售台數」分別是以 0.91、0.05 的路徑係數相聯結。所謂營業能力簡單來說是表示可賺多少的指標。想必可以理解賣了多少能賺錢之車子的「銷售收入」，是比車子的「銷售台數」的路徑係數大的。

　　此處最想知道的是「營業努力」影響「營業能力」有多少。路徑係數是 0.79。影響度是與平方成比例。$0.79^2 (= 0.62)$ 是營業努力占營業能力的比例。對營業能力來說只是靠營業努力似乎仍有 38% 是無法滿足的部分。

■評估分析結果

　　最後，評估此模式。統計解析軟體的輸出結果如下。

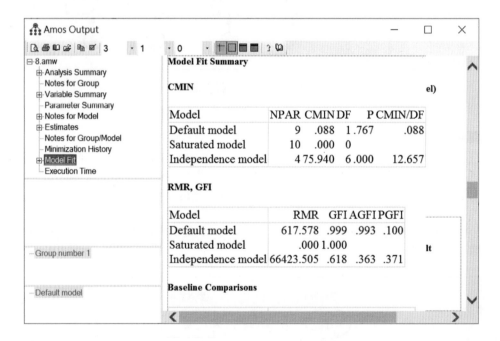

自由度與 χ^2（乖離度）如下：

自由度 = 1，$\chi^2 = 0.088$

χ^2 分配的 95% 點是 3.84（附錄 9），此模式在統計學上可以說是非常適配的。

RMR 所表示的適合度約 618。雖然有些大，如想到最差的獨立模式是 66424 時，那就不算是不佳之值了。

GFI 是 0.999。非常接近適合度的最高值 1。此方面，也可以說所調查的模式的適配佳是可以認同的。

知識補充站

單向模式（recursive model）

執行統計分析的軟體時，會出現「單向模式」的訊息。

譬如下圖 Amos 的輸出例。

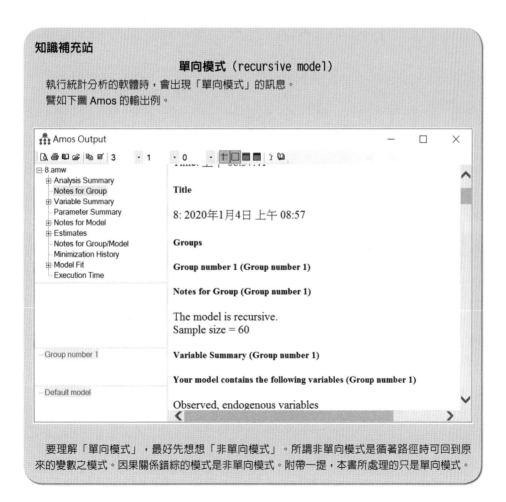

要理解「單向模式」，最好先想想「非單向模式」。所謂非單向模式是循著路徑時可回到原來的變數之模式。因果關係錯綜的模式是非單向模式。附帶一提，本書所處理的只是單向模式。

5-18 可自由製作模式的結構方程模式分析

■製作不套型式的模式

　　前面介紹了有名的模式，可是並不需要局限在這些有名的模式。只要能提出自己的腳本即可。相信自己的能力，不妨建構自己所喜歡的模式吧。

　　此處擬調查以下的路徑圖所表現的稱為「二階因素模式」。這是將因素分析中所得的因素再整理成因素的模式。

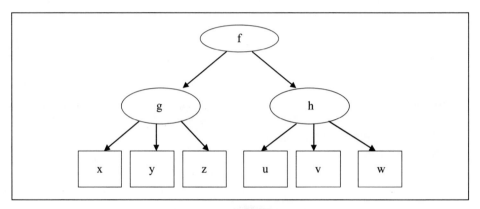

圖 5-43　　二階因素模式

潛在變數之中再隱藏潛在變數的模式即為二階因素模式。

　　那麼，利用此模式調查以下的資料看看。這是針對 50 位在購買自用汽車時所進行的意見調查。讓購買者就 4 個評價點以 5 等級來評分。

表 5-8　購買自用汽車時就 4 個評價點以 5 等級來評分

式樣	顏色	動力性能	腳空間
4	5	4	3
3	3	5	4
2	3	3	2
4	3	4	4
3	3	4	3
5	4	4	4
4	3	3	2
3	4	3	3
4	4	4	5
5	4	4	4
2	2	1	1
5	4	5	4
4	4	3	4
3	3	4	4
5	4	4	4
4	4	4	4
3	4	3	3
3	3	3	4
2	2	2	3
3	2	3	3
3	2	3	4
2	2	3	2
3	3	4	3
2	3	3	3
4	4	4	4
5	4	5	4
3	3	3	3
3	3	2	2
3	3	4	4

式樣	顏色	動力性能	腳空間
2	3	2	2
5	4	4	4
5	4	4	5
3	2	2	2
2	2	3	3
3	2	3	2
1	3	1	2
4	3	4	5
3	3	4	4
2	2	1	2
3	3	4	4
4	3	3	3
2	2	1	2
4	4	4	4
3	3	3	2
3	3	3	4
4	3	3	2
2	1	1	2
3	3	3	2
2	2	2	4
4	4	4	3

　　觀察此資料，設想下頁所圖示的關係。亦即，認為「式樣」與「顏色」能以「設計」之因素（潛在變數）來說明，「動力性能」與「腳空間」能以「性能」之因素（潛在變數）來說明。並且，此等 2 個因素甚至能以「車的價值」之因素來說明。

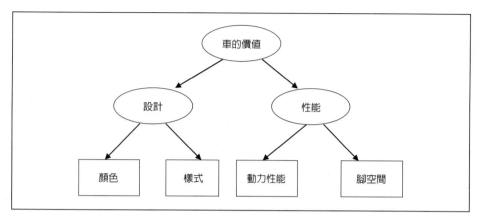

圖 5-44　二階因素模式的路徑圖

如此圖所示：

結構方程模式分析對潛在變數可假定階層。

　　這是過去的多變量分析所無法想像的模式。可以考慮此種模式，此處正是結構方程模式分析出色的地方[註11]。
　　在以上的推估之下，執行結構方程模式分析，下圖是輸入 Amos 的初期設定圖。

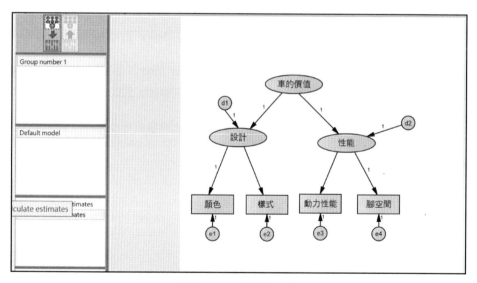

圖 5-45　初期設定

[註11] 實際的結構方程模式是考察彼此更複雜的模式。

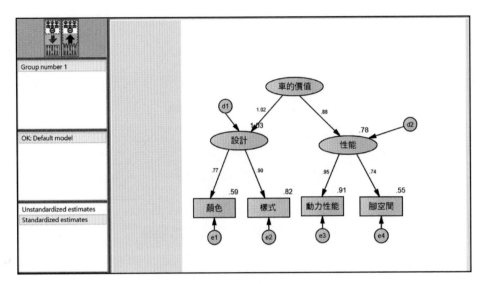

圖 5-46　標準化解

■解釋分析結果

請看「設計」的因素。到「樣式」的路徑係數是 0.90，出現較大之值。就「顏色」來說是 0.77。知「樣式」比「顏色」能以「設計」因素來說明的部分更多。

請看「性能」的因素。到「動力性能」的路徑係數是 0.95，出現較大之值，而「腳空間」是 0.74。知「動力性能」比「腳空間」能以「性能」因素來說明的部分更多。

從以上來看，如果上面的模式正確的話，那麼製造出重視「動力性能」與「樣式」的車子是非常重要的。

從因素「設計」與「性能」萃取「車子的價值」，知「設計」與「性能」能以 1 個因素「車子的價值」來表現。實際上，從因素「車子的價值」到因素「設計」與「性能」的路徑係數分別是 1.02、0.88，均是較大之值。

此事如果明白，不如將此二階因素模式簡化成以下的簡單模式或許較好。

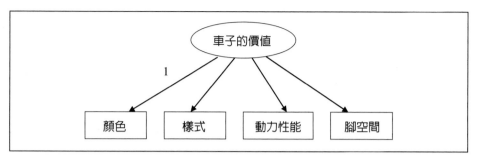

圖 5-47　簡化的路徑圖

■結構方程模式分析能以對話的方式改良模式

此處，結構方程模式分析的優點能發揮出效果。此即結構方程模式分析能以對話的分式改良模式。亦即以此路徑圖重新計算看看。如圖 5-47，將到顏色的路徑係數初期設定成 1。下圖是 Amos 的輸出結果（標準化解）。

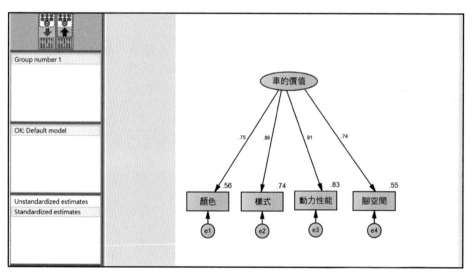

圖 5-48　標準化解

那麼，到底是哪一個模式在統計學上是比較好的呢？用來調查指標是，一再利用的 χ^2 值與 GFI。試使用此去辨認 2 個模式之中的何者較優。

	χ^2 值	GFI	自由度
二階因素模式	0.042	0.999	1
探索式因素分析模式	2.985	0.968	2

如考慮自由度的 χ^2 分配的 95% 點是 3.83，自由度為 2 的 χ^2 分配的 95% 點是 5.99 時，可以認為「二階因素模式」似乎適配性較佳，但在統計學上卻未出現顯著差，GFI 之值「二階因素模式」接近 1，此模式被判定較好。

χ^2 檢定儘管沒有甚大差異，但從適合變的觀點來看時，知被推薦的是「二階因素模式」。

如以上，對所提供的統計資料，考察各種的模式，利用各種的評價判斷何者較好，最後找出最佳的模式。此時，電腦與專用軟體（Amos）就是最大的武器。

尋找最佳的模式，此時，電腦與專用軟體（Amos）就是最大的武器。

Note

5-19 多群體的同時分析

■對不同的群體應用相同的路徑圖

以不同的群體為對象所調查的資料，在變數間的關係強度上，被認為各群體分別具有其特徵。在結構方程模式分析的情形中，雖然關係的強度可以反映在路徑係數等之參數的不同，然而也開發出能以統計的方式驗證其差異的手段，它就是多群體的同時分析。

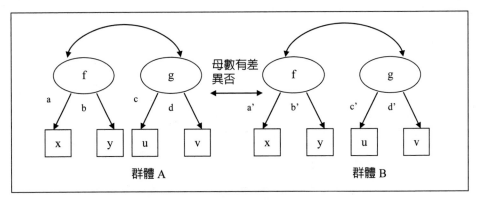

圖 5-49　多群體的同時分析圖

譬如，下頁的資料是從日本與中國抽出 30 人作為樣本，對買冷氣機時的 4 個評價項目以五等級讓他們評分。

多群體的同時分析是對不同的群體應用相同的路徑圖。

表 5-9　購買冷氣時所考慮的 4 個評價點的評分

	顏色	形狀	消耗電力	回收率	人種		顏色	形狀	消耗電力	回收率	人種
1	2	2	1	1	日本人	31	3	3	2	2	中國人
2	4	4	3	5	日本人	32	4	3	3	4	中國人
3	3	3	4	3	日本人	33	3	3	4	3	中國人
4	3	3	2	3	日本人	34	3	3	1	2	中國人
5	3	4	3	2	日本人	35	5	4	4	2	中國人
6	4	3	4	4	日本人	36	1	1	1	1	中國人
7	1	3	3	3	日本人	37	4	2	3	3	中國人
8	1	2	2	2	日本人	38	1	1	3	3	中國人
9	1	2	3	3	日本人	39	4	3	4	4	中國人
10	4	3	3	2	日本人	40	2	3	4	2	中國人
11	5	4	5	5	日本人	41	3	2	2	2	中國人
12	3	4	4	3	日本人	42	3	3	3	2	中國人
13	3	3	3	3	日本人	43	2	3	2	1	中國人
14	4	4	2	2	日本人	44	4	4	3	3	中國人
15	3	3	2	2	日本人	45	2	1	4	2	中國人
16	2	4	4	3	日本人	46	1	2	2	2	中國人
17	3	2	3	3	日本人	47	3	4	3	3	中國人
18	1	3	2	2	日本人	48	3	2	2	2	中國人
19	2	3	4	3	日本人	49	4	3	4	4	中國人
20	3	3	4	2	日本人	50	2	3	4	4	中國人
21	4	5	5	5	日本人	51	1	2	2	2	中國人
22	2	3	2	2	日本人	52	2	3	3	3	中國人
23	2	2	4	4	日本人	53	4	4	5	4	中國人
24	3	2	3	2	日本人	54	2	3	2	3	中國人
25	2	3	3	2	日本人	55	3	2	4	4	中國人
26	4	3	4	4	日本人	56	3	3	3	2	中國人
27	2	3	2	2	日本人	57	4	4	3	4	中國人
28	2	2	3	2	日本人	58	1	2	3	4	中國人
29	3	3	3	2	日本人	59	3	3	3	4	中國人
30	2	2	1	1	日本人	60	3	3	3	2	中國人

　　觀察此資料，想調查重視設計與重視環境在日本與中國是否有不同呢？試以下頁所圖示的路徑圖分析購買冷氣時的意識差異。於購買時，認爲重視「形狀」與「顏色」的程度，假定能以「重視設計」的潛在變數來說明。重視「消耗電力」與「回收率」的程度，能以「重視環境」的潛在變數來說明。並且認爲 2 變數相互有相關。

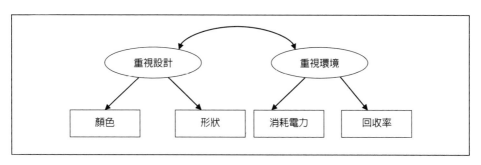

圖 5-50　路徑圖[註12]

那麼在此模式之下，執行結構方程模式分析。實際的計算則交給專用軟體 Amos 去執行。下圖是其輸入的初期設定（利用 Amos 此分析法請參附錄 14）。

日本與中國，假定只有模式是相同的，路徑係數與共變異數是不同的。因此，對於「形狀」與「回收率」的路徑係數，則加上不同的變數名稱（j1、j2 與 c1、c2）。並且，連結 2 個潛在變數「重視設計」與「重視環境」的共變異數也加上不同的名稱（rj、rc）[註13]。

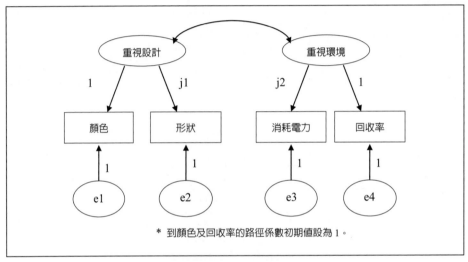

圖 5-51　對於由日本人所得到資料的路徑圖

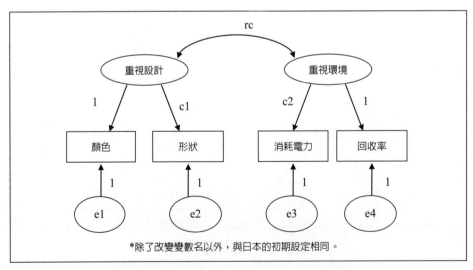

圖 5-52　由中國人所得資料之路徑圖

[註13] 變數名的 j 表 Japan，c 表示 china。

　　從 2 個初期設定來看似乎可知，路徑圖的架構對 2 群體來說並未改變。以路徑係數或共變異數的大小亦即關係的強弱來分析 2 群體的差異。

　　將以上的設定中的執行結果（標準化解）如下表示。依序表示以日本人為對象的分析結果以及以中國人為對象的分析結果。

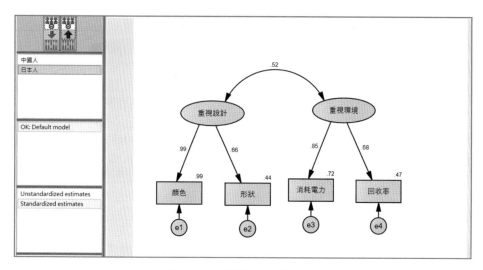

圖 5-53　以日本人為對象

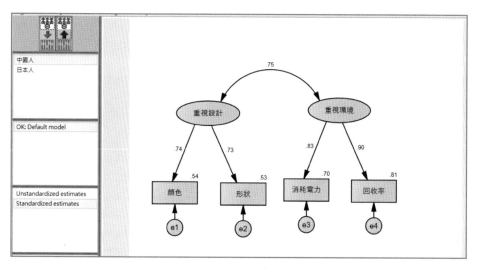

圖 5-54　以中國人為對象

■解釋分析結果

試就潛在變數「重視設計」來看。到「顏色」與「形狀」的路徑係數，日本人分別是 0.99、0.66；中國人分別是 0.74、0.73。由此結果知，日本人重視顏色甚於形狀。相對的，中國人似乎均等地評估顏色與形狀。

其次，就潛在變數「重視環境」來看。到「消耗電力」與「回收率」的路徑係數，日本是 0.85 與 0.68。影響度是與平方成比例，因之日本人重點是放在「消耗電力」。相對的，中國是 0.83 與 0.90。與「重視設計」的時候相同，知中國較能均衡地以「重視環境」說明「消耗電力」與「回收率」。

另外，就「重視設計」與「重視環境」2 個潛在變數觀察它的相關係數。日本是 0.52，中國是 0.75。日本與中國相比，2 個因素的關係似乎較爲淡薄。

基於以上的分析，浮現出製造「適合日本的冷氣機」與「適合中國的冷氣機」的注意點。在日本在設計上應增加顏色的多樣性。因爲顏色是選購的最大基準。並且，關於環境來說，應訴求消耗電力是可以理解的。

相對的，適合中國的冷氣機應均衡的訴求形狀與顏色，消耗電力與回收率。因爲在中國的模式中，表示這些之路徑係數與相關係數之值，比日本更加均等地加以分配所致。

■可以檢定 2 群體之參數的差異是「多群體的同時分析」

話說，此種差異在統計學上是否有意義呢？可以解答此疑問的是「多群體的同時分析」（圖 5-55）。【註14】

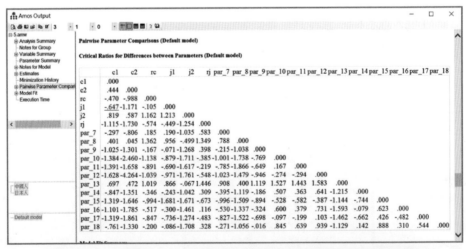

圖 5-55　有關 Amos 所輸出的參數間之差異的檢定統計量

【註14】 就 2 個群體的資料來說，將同一模式分別進行結構方程模式分析時，無法進行此種檢定。

　此 Amos 的輸出圖是「有關參數間之差異的檢定統計量」之資訊。估計量的差異換成標準常態分配之量後加以表示。

　試調查此輸出結果的看法看看。譬如，日本與中國從「重視設計」到「形狀」的路徑係數之值分別是 0.66、0.73，想知道此 0.07 之差異在統計學上是否有義意呢？它可從 c1（以中國人為對象的「形狀」的路徑係數），與 j1（以日本人為對象的「形狀」的路徑係數）相交叉之值來判斷。如下圖，其值為 −0.647 [註15]。

	c1	c2	rc	j1	j2	rj	par_7
c1	.000						
c2	.444	.000					
rc	-.470	-.988	.000				
j1	-.647	-1.171	-.105	.000			
j2	.819	.587	1.162	1.213	.000		
rj	-1.115	-1.730	-.574	-.449	-1.254	.000	
par_7	-.297	-.806	.185	.190	-1.035	.583	.000

　此 −0.647 之值，是將兩個路徑係數之差異變換成標準常態分配時之值。
以其值的大小檢定

H_0：2 個路徑係數無差異。

　差異的變換值若未落到否定域（顯著水準 5% 時，絕對值是 1.96 以上）時，假設無法捨棄（圖 5-56）。

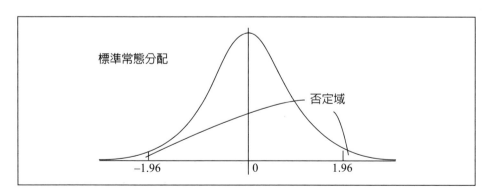

圖 5-56　標準常態分配與否定域

[註15] 此表示從 Amos 的輸出表中截取一部分。

　　目前的情形，差異的變換值是 –0.647，未落入否定域。在統計學上，對於 0.66 與 0.73 兩個路徑係數之差異「不認為有顯著差異」。

　　對其他的參數也一樣。因此，所調查之差異的議論，只是在說明結構方程模式分析能進行多群體同時分析之可能性。

　　差異不認為有顯著性，「數據數少」此或許是主要原因吧。對日本與中國分別選取 30 人，只要無出現更大差異，是可以不承認有顯著差異的。

小博士解說

Amos中的多群體同時分析

　　以 Amos 進行「多群體的同時分析」時，想要進行差的檢定，有需要從「顯示」的清單的「分析性質」的對話框中，勾選「對差異的檢定統計量」（allow different path diagrams for different group）。

Analysis Properties　　　　　　　　　　　　　　?　　✕

Estimation | Numerical | Bias | **Output** | Bootstrap | Permutations | Random # | Title

☑ Minimization history　　　　　　　　☐ Indirect, direct & total effects

☑ Standardized estimates　　　　　　　☐ Factor score weights

☑ Squared multiple correlations　　　　☐ Covariances of estimates

☐ Sample moments　　　　　　　　　　☐ Correlations of estimates

☐ Implied moments　　　　　　　　　　☑ Critical ratios for differences

☐ All implied moments　　　　　　　　☐ Tests for normality and outliers

☐ Residual moments　　　　　　　　　☐ Observed information matrix

☐ Modification indices　　　　　　　　4　　　Threshold for modification indices

Note

5-20 考慮平均的平均結構分析(1)

■潛在變數的大小可以討論

至目前為止，潛在變數的平均是假定 0。因此，全未提及有關潛在變數的平均。可是，如可調查潛在變數的平均時就會非常方便。

譬如，想對美國與日本的「IT 度」進行調查。

首先，對兩個國家的樣本收集利用相同的 IT 意見調查，整理其結果。其次，利用此資料，試測量各個國家的「IT 度」的潛在變數。想知道哪一個國家的 IT 度較高。這是想調查潛在變數的平均的一個例子。此時，所要利用的就是平均結構分析。

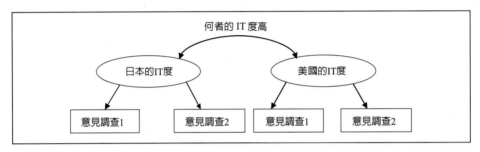

圖 5-57　路徑圖

按照以往的方法，無法比較兩個國家的 IT 度的高低。以一般性來說，無法討論變數的平均間的差異。

但是，如將結構方程模式分析的擴充時，此種潛在變數的平均差異也可以統計學的方式來討論。此即為平均結構分析。

如將結構方程模式分析的手法擴張時，為什麼就可以討論潛在變數的平均呢？那是結構方程模式分析具有柔軟性。以往是變異數與共異變數的實測值與估計值之誤差，以整體來說成為最小之下來估計變數的變異數與路徑係數。擴張後的結構方程模式分析，平均也可加入估計對象之中。亦即，使估計值的平均、變異數、共變異數，使能適配實測值的平均、變異數、共變異數之下來計算參數（包含平均在內）。

■在變數間的關係中引進截距

將以上的想法，以略為數學的方式表現看看。譬如，試觀察潛在變數 f、觀測變數 x、誤差變數 e。至目前為止是假定以如下的關係連接 2 個變數（4-3 節）。

$$x = \alpha f + e \qquad \text{①}$$

事實上至目前為止的討論，x、f、e 並非變數本身！而是表示偏離平均之差亦即表示偏差。也就是說，變異數或共變異數是只以偏離平均之差（偏差）當成問題之緣故。

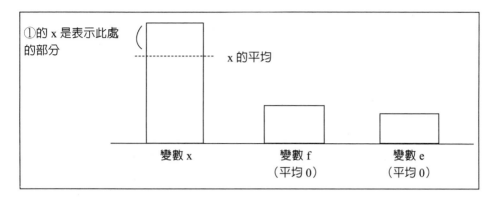

①的 x 是表示此處的部分

x 的平均

變數 x

變數 f
（平均 0）

變數 e
（平均 0）

表示偏差的①式，無法討論變數間之平均差，因為兩邊的的平均均為 0，從平均的觀點來看，是理所當然的 $\bar{x}$。

$$\bar{x} = \alpha\bar{f} + \bar{e} = 0 \qquad\qquad ②$$

要討論變數之平均的差異，除理所當然的式子①之外，要利用哪種式子來替代才好呢？它的答案是①式加上常數。

$$x = k + \alpha f + e \qquad\qquad ③$$

此處 x 與 f 並非偏差而是當作變數本身，k 當作常數。此常數稱為截距。試將③式的兩邊取平均看看。

$$\begin{aligned} \bar{x} &= k + \alpha\bar{f} + \bar{e} \\ &= k + \alpha\bar{f} \end{aligned} \qquad\qquad ④^{[註16]}$$

多虧截距 k 之嘉惠，知 2 個平均 $\bar{x}$、$\bar{f}$ 可以區分高低差。換言之，可以利用截距來討論變數之平均的差異。

如③式，在變數間之關係引進截距，知可以討論變數間的平均之差異。

但是，將應估計的路徑係數或變異數等表現成「參數」。如借用參數的表現時平均結構分析原理可以如下表現。

平均結構分析之原理：
將截距包含在母數之中的結構方程模式分析即為平均結構分析。

[註16] 以前，潛在變數與誤差變數之平均視為 0 進行計算。此後，只有誤差的平均假定 0（$\bar{e} = 0$），除此以外也可允許不為 0。

5-21 考慮平均的平均結構分析(2)

■在路徑圖上記入截距與平均的方法

結構方程模式分析的優點是利用路徑圖的圖像工具進行分析。此優點也要在平均結構分析中發揮時，截距的名稱或值也要能在路徑圖上表現才行。此一般如以下表現。

內生變數時，在表示該變數的長方形或橢圓形的右上記入截距的名稱或數值。

外生變數時，於變數的右上記入平均與變異數。另外，誤差變數也當作外生變數的一種來掌握，通常它的平均假定是 0。

以往對於由潛在變數畫出的路徑，如下圖將其中的一條路徑係數初期設定成 1。

允許此種的初期設定是因為潛在變數的測量單位的取法甚為自由的緣故。基於相同理由，取代將路徑係數取成 1，也允許將潛在變數的變異數的初期設定值取成 1。在平均結構模式分析異數構造分析中關於基本的外生變數來說，採用此種初期設定的方法是一般的作法。

另外，就基本的外生變數來說一般來說平均取成 0。將平均的基準放在何處是任意的，因之將基準放在看成基礎的外生變數上。

　像這樣進行初期設定，即可清楚看出數個潛在變數之關係。與以往相同，要執行平均結構分析，需要有 Amos 等的專用統計分析軟體。下圖是利用 Amos 執行平均結構分析的設定畫面。

Analysis Properties ? ✕

| Estimation | Numerical | Bias | Output | Bootstrap | Permutations | Random # | Title |

Discrepancy

● Maximum likelihood

○ Generalized least squares

○ Unweighted least squares

○ Scale-free least squares

○ Asymptotically distribution-free

☑ Estimate means and intercepts

☐ Emulisrel6

☐ Chicorrect

For the purpose of computing fit measures with incomplete data:

● Fit the saturated and independence models

○ Fit the saturated model only

○ Fit neither model

這是進行平均結構分析的 Amos 設定畫面。預設狀態是無法進行此分析。

■實際進行平均結構分析

那麼借用統計分析軟體之手段，實際分析數據。

下頁的資料是調查日本與美國的 IT 度之差異。以 IT 度來說，是調查每週的「網路利用時間」與「電腦的利用日數」。從此 2 個調查項目（亦即變數）測量「IT 度」的潛在變數。此時日本與美國在潛在變數的 IT 度上應有差異。因此，作出如下的路徑圖。

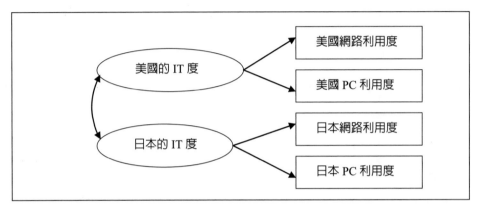

圖 5-58　路徑圖

小博士解說

Amos截距的名稱取法

利用平均結構模式分析的軟體時，截距也有需要取名稱或加上條件。下圖是 Amos 定義截距名稱之圖形。

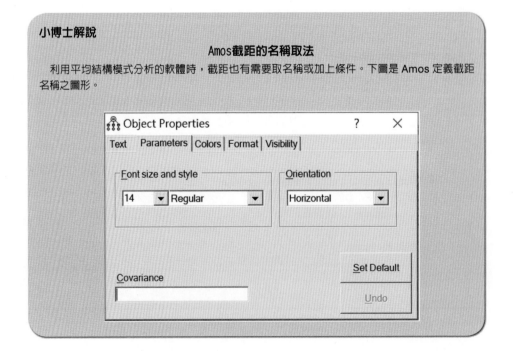

■執行平均結構分析

表 5-10　分析數據

No	美國網路利用度	美國 PC 利用度	日本網路利用度	日本 PC 利用度
1	3	4	4	4
2	3	2	2	5
3	4	4	4	1
4	5	5	4	4
5	4	5	4	5
6	3	5	5	5
7	5	5	5	5
8	2	1	4	5
9	5	5	4	4
10	5	5	5	5
11	5	5	4	5
12	5	4	3	2
13	5	5	4	5
14	4	4	5	5
15	5	3	5	5
16	5	5	3	4
17	5	5	5	5
18	5	5	5	4
19	2	5	5	5
20	2	3	4	4
21	5	5	5	5
22	4	4	4	2
23	5	5	5	5
24	3	4	3	3
25	5	5	4	3
26	5	3	5	5
27	5	5	5	5
28	5	4	5	5

No	美國網路利用度	美國 PC 利用度	日本網路利用度	日本 PC 利用度
29	4	4	5	5
30	1	1	5	5

　　使用上面的資料與前面的路徑圖執行平均結構模式分析。如先前所提及的，將 1 個外生變數的「美國的 IT 度」的平均當作 0，變異數當作 1。此時，對「日本的 IT 度」的平均與變異數感到興趣。

　　此路徑圖上要注意的是，由 2 個潛在變數畫出的路徑係數以及誤差變數，美日全部都是相同的。這是在相同條件之下，想調查潛在變數有多少的不同。此種條件稱為測量的不變性。

　　那麼，立即計算看看。如往常一樣利用 Amos。

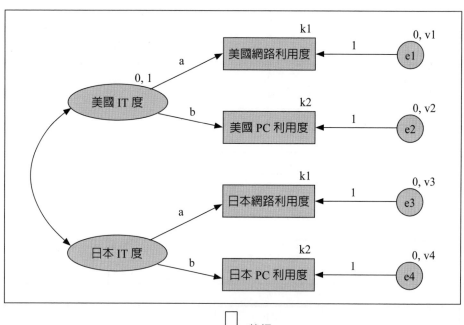

執行

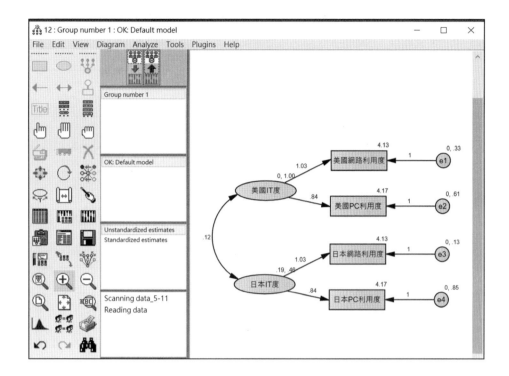

■能比較美日的 IT 度

　　請看潛在變數。在最初也曾提及，將美國的平均設定成 0，變異數設定成 1。請看日本的「IT 度」。平均是 0.19，變異數是 0.46。平均來說，日本的「IT 度」比美國大，但變異卻比較小。日本的 IT 度與美國相比，只集中在一部分的人身上。

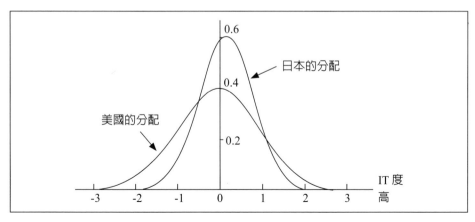

圖 5-59　美日的 IT 度分配

　　由以上的例子似乎可知，如利用平均結構分析時，可以調查以往的分析法中無法比較的潛在變異數的（相對的）平均。這是開創統計的應用領域的特徵。

平均結構分析的特徵
可以比較模糊不清事物之大小、優劣。

　　特別是在常用抽象概念的經濟或心理學的領域中，結構方程模式分析受到重視是基於此理由所致。

■潛在變數的影響力

　　最後試調查觀測變數的截距之值。譬如，為了就「美國的 IT 度」加以觀察，試將該部分取出。

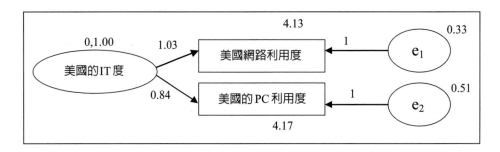

　　「美國網路利用度」的截距是 4.13。以式子表示此圖時，即為如下。

$$「美國網路利用度」= 4.13 + 1.03 × 「美國 IT 度」+ e_1$$

　　試將兩邊取平均看看。由於「美國的 IT 度」的平均假定是 0，誤差變數的平均也假定是 0，因之以下等式是成立的。

$$「美國網路利用度」的平均 = 4.13$$

　　由此式知，「美國的 IT 度」對「網路利用度」有甚大的影響，也就是說，將 5.13 的值當作「網路利用度」的既有平均值。

　　請看調查資料，最大點數是 5。因此，4.13 是甚大之值。

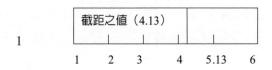

　　取名為「美國的 IT 度」之潛在變數，它的活躍餘地如圖所示並不普及。要分析原本的美國的網路利用度，似乎需要另外不同的潛在變數。【註17】

知識補充站

微軟創辦人比爾・蓋茲成功故事系列之三：獨到的眼光，不放過任何賺錢的機會

　　整個世界都知道，蓋茲絕對不是專業技術的領先者，但最終他成為了世界首富。蓋茲從來不放過任何一個可以利用的商機，能夠看到別人看不到的財富。這一點使他與以往的任何一個商業鉅子有了很大的差別：以前的巨商們的威力通常僅僅局限在某一行業裡，但是蓋茲卻藉助了軟體的影響，把觸鬚伸到了我們生活的各方面。

　　在微軟自己出版的百科全書《英卡塔》中，對蓋茲成就的解釋是：「蓋茲的大部分成就，在於他有能力將科技的遠景轉化為市場策略，把對科技的敏銳性和創造性融合在一起。」這對蓋茲的褒讚是無以復加的，但透過盛讚下的光環，我們還應當看到，蓋茲也是一個凡人。只不過，他智慧超人，有著超凡的經營遠見和敏銳的商業眼光，以及迫不及待地抓住一切可能的機會，並將它們轉化成財富。

　　蓋茲得以成為世界資訊產業界的代言人，除了他所具有的創新能力，以及他擁有的豐富知識外，還得益於他那超乎常人的市場直覺、經營手法以及傑出的推銷能力。他能看到別人看不到的財富，這是風險投資家所具備的良好的素質。蓋茲雖然不算是一個嚴格意義上的風險投資家，但是他無意中具備了風險投資家所具備的基本素質。

　　善於捕捉商機，並迅速利用這些商機，搶占市場，擠得對手幾乎無處容身。他以高人一籌的市場遠見與不凡的經營策略，成功地占領了資訊產業的制高點。業界人士曾無奈地表達他們無比的痛苦：市場裡的財富都被蓋茲占去了。「最好的市場就是沒有比爾・蓋茲的市場。可惜，在資訊產業界，他的身影無處不在。」

【註17】因為利用測量的不變性，所以對日本而言也是一樣。

5-22 縱斷型資料與平均結構分析

■可以調查潛在變數之變化的平均結構分析

前節調查了讓結構方程模式分析再發展下去的平均結構分析。此處，試調查此平均結構分析的代表性應用例。此稱為縱斷型資料的分析，這是有關同一群體，調查潛在變數的時間性差異的分析方法。

假定對某一群體，在不同的時期進行相同的調查。此時，想調查潛在變數出現何種質性的差異，調查它即為「縱斷型資料（longitudinal data）」的分析。

舉例來說，試調查公司內的成人教育看看。為了讓員工的 IT 技術提高，實施了 3 個月的技術研修，再行調查它的成果。因之於研修實施前後進行了 3 個測驗「中打」、「表格計算」、「OS 基礎」，此資料即為下頁的表。觀察員工的技能是否提高了呢？

員工的技能度無法直接觀測。調查此變遷的平均結構分析即為其出色之處[註18]。

表 5-11　教育成果

中打 1	表格計算 1	OS 基礎 1	中打 2	表格計算 2	OS 基礎 2
7	8	8	8	6	8
8	7	9	7	5	8
7	7	8	7	7	7
5	6	5	8	8	6
5	8	6	6	7	7
6	6	5	5	6	8
5	4	2	4	4	4
9	9	9	9	9	9
7	4	3	4	5	4
6	8	9	8	6	6
6	7	6	5	5	5
5	8	5	6	4	6
6	4	4	5	4	4

[註18] 三項考試「中打」、「表格計算」、「OS 基礎」的內容雖然研修前後是相同的，但為了區別加上 1、2。

中打 1	表格計算 1	OS 基礎 1	中打 2	表格計算 2	OS 基礎 2
7	9	7	9	8	7
5	5	6	7	3	6
6	6	5	6	6	4
6	6	7	6	8	6
6	5	5	6	7	6
6	6	8	8	7	9
8	9	7	8	6	9
6	5	4	7	6	6
4	5	6	6	5	7
6	6	6	4	7	5
5	7	7	9	6	8
6	6	3	5	7	5
6	5	7	7	4	6
7	5	4	6	4	6
6	6	8	8	4	6
5	7	6	7	6	7
9	9	10	9	8	10

　　那麼，利用平均結構分析，實際進行分析。以路徑圖來說，試畫出如圖 5-59（接著紀錄初期設定之值）。

　　又，研修前後的技能度以「研修前」、「研修後」來表現。此變化是目前最想調查的內容。

想比較研修前後的技能度有何差異？

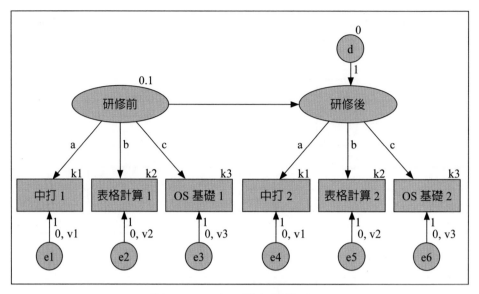

圖 5-60　路徑圖與初期設定

在初期設定應注意的地方是要遵守「測量的不變性」，此與前節相同。通常，截距、路徑係數、測量誤差等之值，在測量前後最好使之相同。那麼，利用統計分析軟體 Amos，分析此模式看看。

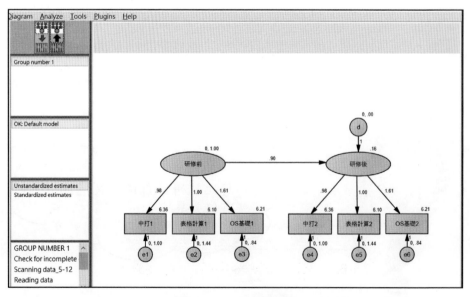

圖 5-61　分析結果

■技能度是否有變化

試觀察分析結果。取出最關心之「研修前後技能度」的變化部分來看。

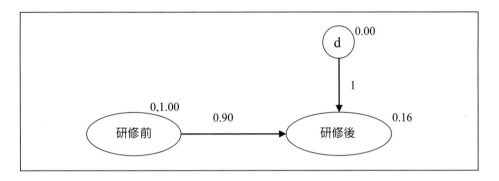

此以式子表示即為如下：

研修後 = 0.16 + 0.90× 研修前 + d

「研修前」的平均假定成 0，因之，「研修後」的平均 = 0.16[註19]

與研修前後相比，技能度知只能提高 0.16 而已。

從「研修前」向「研修後」的路徑係數是 0.89。因此，變異數變成 0.89^2（約 8 成），減少 2 成。研修後的技能的變異數變小，是表示研修的結果，員工的知識的變異數減少，在此方面，也可認同研修成果。

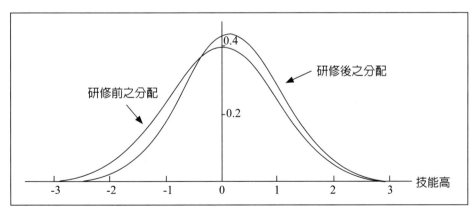

圖 5-62　研修後的技能平均提高，變異減少

[註19] 此關係在前面已調查過，附帶一提，d 的平均是假定 0。

　　像以上，利用平均結構模式分析時，對於研修效果此種「看不見」的效果，也可進行統計學上的探討。

■試評估分析結果

　　最後，觀察結果的評價。如下圖所示，並求計算出 RMR 與 GFI 的適合度指標。平均結構分析是不用求出它們的值。

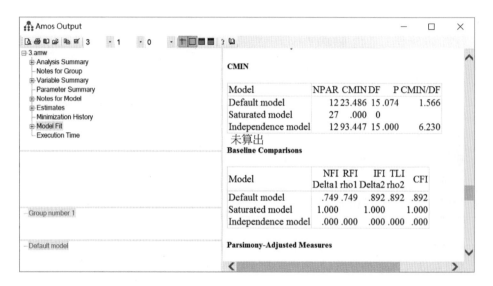

　　請看 χ^2 值（乖離度）看看。出現 23.486 之值。雖然看起來模式的「適配」並不佳，而自由度是 15。此點 χ^2 分配 95% 的點是 25，

H_0：路徑圖上所表示之關係模式是正確的。

因之，虛無假設無法捨棄，可以認同模式的正確性。

檢定虛無假設，如虛無假設無法捨棄，可以認同模式的正確性。

知識補充站

微軟創辦人比爾・蓋茲成功故事系列之四：龍頭地位無可撼動

　　將微軟的成功歸之於搭上了藍色巨人 IBM 的巨大戰車毫不為過，但這其中不僅僅是幸運。蓋茲眼光獨到，看出與 IBM 的交易影響深遠，非常清楚這背後的巨大財富。他知道，如果有了作業系統，就可以建立起一個通用的平台，而這將可以改變個人電腦的歷史走向。「我們瘋狂地編寫程序、銷售軟體，我們幾乎沒有時間做其他的事。值得慶幸的是，我們的客戶都是狂熱的計算機愛好者，不會被功能的弱小、手冊的簡單和先進的用戶介面所影響。這就是計算機軟體當時的狀況。」「一些公司把它們的軟體裝在一個塑料袋中銷售，帶有一張複印的使用說明和一個電話號碼（你可以撥打這個電話尋求『技術支持』）。對微軟公司來說，當有用戶打電話要求訂購一些軟體時，誰接到電話誰就是『送貨部』。他們要跑到辦公室的後面拷貝一張磁碟，把它放在郵件中，隨後回到自己的座位上繼續編寫代碼。」蓋茲這樣描述自己最初創業的經歷。

　　即便是一個相當小的軟體工作坊，蓋茲也不放棄對財富的追逐。1975 年在阿爾伯克基準備籌辦公司時，他就與第一夥伴艾倫斤斤計較起財富的分配問題，蓋茲憑藉原始碼寫作上的優勢，占據了股份的六成。一年後他們真正簽署協議時，蓋茲磋商把自己的股份增加一點，性格比較隨和，語氣溫柔的艾倫自然損失一點。於是協商的結果就是蓋茲擁有微軟股份的 64%。這是蓋茲在牢牢把握財富商機所進行談判方面堅持不懈、令人無法抵禦的威力最早明證之一。儘管多幾個百分點，或少幾個百分點對蓋茲來說並沒有多大的區別，可是蓋茲認為，每一個百分點都值得努力爭取。

　　當微軟公司的股票上市公告宣布後，蓋茲更是沒有放棄過能在近期內給自己個人和公司帶來巨大經濟效益的機會。他開始馬不停蹄地向集團購買者巡迴推銷股票。

　　在這次巡迴推銷股票活動中，蓋茲代表公司在 10 天內到世界的 8 個城市進行過停留，包括世界貿易中心紐約、世界金融中心倫敦等。雖然對蓋茲來說，有點疲於奔命，但為了讓自己的股票有一個好的價格，蓋茲不但在這些城市逗留，還在每個城市發表演講，把推銷會場搞得像節日舞會一樣熱鬧。

　　當他乘坐的飛機在英國倫敦徐徐降落時，蓋茲一行受到了非常英國式的熱烈歡迎：在阿納比舉行了一個盛大的聚餐會，這是大英紳士們典型的聚會。溫文爾雅而又不失熱情，會後還舉行了舞會。整個晚上蓋茲都樂此不疲。

　　蓋茲的辛苦勞作也換回了股民的大把大把的鈔票。1986 年 3 月 13 日，微軟股票上市時，以每股 21 美元開盤。第一天，共成交了 360 萬股，可謂取得了一個巨大的成功。中午時分，每分鐘有大約幾千股成交。最後收盤時，微軟股票上升到了每股 29.3 美元。也就是說在一天之內，微軟股票就升值了 40% 以上。

　　可以說，當天的股票交易市場成了蓋茲的天下。幾乎所有進出交易大廳的股民都買了微軟的股票，而別的股票無人問津。蓋茲就在此一役中一躍躋身於身價上億的世界頂級富翁俱樂部。在世界各企業家的發財史上，能夠在短期內聚集如此神話般財富的，恐怕只有蓋茲一人。

　　對於一個成功的商人來說，賺錢的眼光是十分重要的。蓋茲無疑具備了這種最基本的素質，所以，微軟公司和蓋茲的財富與知名度一樣節節攀升。如今微軟在軟體行業的龍頭老大地位已經無人可以撼動，蓋茲在世界首富這個位置上也是一坐就是十幾年，無人撼動過。

5-23 共變異數分析(1)

　　所謂共變異數分析（ANCOVA）是同時進行迴歸分析與變異數分析的手法，可以認為利用預測變數對基準變數加上條件之分配進行變異數分析的手法。以主要來說利用**對照實驗**（control experiment）來確認因果關係時是經常加以利用的。實際利用「英語的考試數據」（data_5. xls）來加深共變異分析的理解吧。

　數據概要　電腦學習可否使英語的能力提升，進行實驗後所整理的虛構數據。

　　　　　　　有 3 變數，24 個觀測對象。

　變　　數　「學力測驗」：學力測驗的分數

　　　　　　　「英語的考試」：英語考試的分數

　　　　　　　「群」：接受電話學習的實驗群「1」，並未接受任何學習的控制群「0」

　　對照實驗是將想要比較的**要因**在處理以前的效果儘可能使之均一的實驗群與控制群中，為了檢討特性值之差異所進行的。可是，在心理學、教育學、醫學的領域中將實驗群（experimental group）與控制群（control group）使之等質在現狀下是不易的。此時，所得出之**特性值**（characteristics）之差異，是要因的效果呢？或是群體之差異呢？並不得而知，進行實驗的意義就會消失。

　　因此，共變異數分析是事先把該水準的差異被視為有可能對特性值有影響的**輔助變數**（「學力測驗」）列入分析中。然後檢討所調整的特性值（「英語的考試」）的平均是否取決於要因（「群」）而有差異呢？是目的所在。因之，假定①迴歸直線的斜率在群間全部相等，②要因對輔助變數不會造成影響。①的假定意指不取決於輔助變數之值，特性值因群造成的差異為一定，②的假定意指群是隨機被分派。亦即，對隨機分派的各群套用相同斜率的迴歸直線，調查迴歸直線的截距之值有無差異（參圖 5-63）。

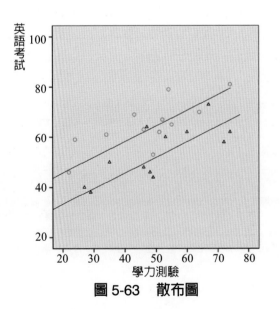

圖 5-63　散布圖

　　畫出如圖 5-64 的路徑圖時，執行分析看看。在 ▨ 的「輸出」Tab，勾選「標準化估計值」與「修正係數」。「修正指數的門檻值」以 4 來分析。

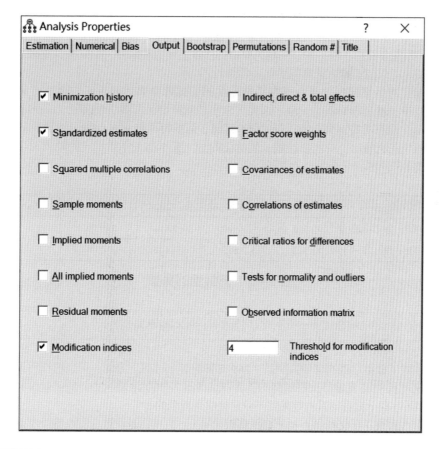

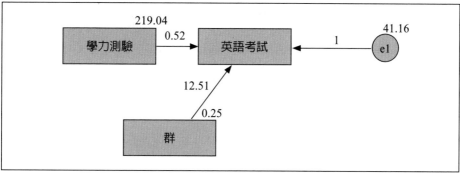

圖 5-64　未標準化估計值

5-24 共變異數分析(2)

此處想與成績的單位（分數）一起解釋，因之觀察「未標準化估計值」（圖5-65）。利用最想知道的「群」的「學力測驗」所調整的「英語成績」平均值（截距）之差，可顯示在由「群」到「英語考試」的係數上。由圖來看，如果學力測驗的成績相同時，可以預測實驗群的英語考試高出 12.51 分。

可是，電腦學習的效果，不就是在此次的受試者中偶然所看到的嗎？如果這樣被問及時，就毫無異議的餘地。因此，求出信賴區間。所謂信賴區間（confidential interval）是每次實施調查後計算信賴區間時，可解釋為有 95% 包含此參數。具體言之，將「正文輸出」→「估計值」的「係數」（圖 5-65）中所得出的輸出，代入如下的式子即可求出。

	Estimate	S.E.	C.R.	P	Label
英語考試←學力測驗	.516	.090	5.714	***	
英語考試←群	12.512	2.675	4.677	***	

圖 5-65　估計值的係數

估計值 $-1.96\times$ 標準誤差 $\leq$ 參數 $\leq$ 估計值 $+1.96\times$ 標準誤差　　　　　　①

依①式，截距之差的信賴區間是 7.269 ≦參數≦ 17.755。亦即，可以解釋為即使調查幾次，有 95% 實驗群比控制群的英語考試高出 7 分到 18 分。由於此信賴區間並未包含 0，也顯示電腦學習的效果並不只是此次所看到的。

接著，觀察「正文輸出」→「修正指數（M.I.）」。共變異數分析因為設下要因對輔助變數並無影響之假定，因之「群」與「學力測驗」之間未畫路徑，當作 0 的固定參數來估計。因之，如果不是隨機分派時，「群」與「學力測驗」的固定參數，理應在「修正指數」的輸出中成為模式修正的備選。實際上，圖 5-64 的模式的「修正指數」的輸出結果，重新指定成自由參數為宜的參數之備選一個也沒有。因此，「群」對「學力測驗」不會造成影響，被認為隨機分派成功。

那麼，此處，試著將圖 5-64 的模式改變成從「群」到「英語考試」的係數固定為 0 的模式（圖 5-66）。

以此模式分析時，如預料那樣在「修正指數」的輸出中，由「群」到「英語考試」的係數，變成模式修正的備選（圖 5-67）。由「改善度（Par Change）」也顯示出將此固定參數以自由參數估計時的估計值是 12.361。圖 5-64 中此參數的估計值是 12.512，因之值是非常地接近。

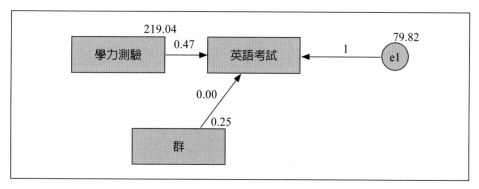

圖 5-66　修正指數確認模式的路徑圖

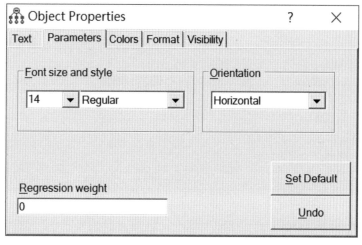

	M.I.	Par Change
英語考試←群	11.007	12.361

圖 5-67　修正指數

Note

第6章
結構方程模式分析的應用

本章介紹應用例，使用醫院的意見調查進行分析，以體驗此結構方程模式的有趣性。

為了實際使用結構方程模式進行分析，本章使用醫院的意見調查進行分析，探討因果關係，以體驗此結構方程模式的有趣性。

6-1 多群體的同時分析

針對 3 家綜合醫院的利用者，進行如下的意見調查。

表 6-1　意見調查表

項目 1	您對此綜合醫院的照明覺得如何？	〔照明（bright）〕

項目 1　您對此綜合醫院的照明覺得如何？　　　　　〔照明（bright）〕
　　　　　　　1　　2　　3　　4　　5
壞　　　　└──┴──┴──┴──┘　　好

項目 2　您對此綜合醫院的色彩覺得如何？　　　　　〔色彩（color）〕
　　　　　　　1　　2　　3　　4　　5
穩重　　　└──┴──┴──┴──┘　　花俏

項目 3　您對此綜合醫院的休息空間的地點覺得如何？〔空間認知（space）〕
　　　　　　　1　　2　　3　　4　　5
不易使用　└──┴──┴──┴──┘　　容易使用

項目 4　您對此綜合醫院的巡迴形式覺得如何？　　　〔動線（moving）〕
　　　　　　　1　　2　　3　　4　　5
容易了解　└──┴──┴──┴──┘　　不易了解

項目 5　您經常利用此綜合醫院嗎？　　　　　　　　〔使用次數（frequency）〕
　　　　　　　1　　2　　3　　4　　5
不利用　　└──┴──┴──┴──┘　　利用

項目 6　您對此綜合醫院的掛號收費覺得如何？　　　〔掛號費用（fee）〕
　　　　　　　1　　2　　3　　4　　5
便宜　　　└──┴──┴──┴──┘　　貴

以下的數據是有關 3 家綜合醫院 A、B、C 的利用者滿意度的調查解果。

表 6-2 綜合醫院類型 A

NO.	Bright	color	space	moving	frequency	fee
1	3	3	3	4	2	4
2	3	3	2	5	2	3
3	2	4	2	2	3	3
4	4	2	3	4	1	3
5	3	3	2	3	4	1
6	4	2	2	5	5	3
7	3	3	2	5	5	3
8	2	4	3	2	1	3
9	4	2	3	4	4	1
10	2	4	3	2	5	3
11	2	2	3	3	4	4
12	2	3	2	5	4	1
13	3	4	2	5	1	4
14	4	3	2	4	1	3
15	3	3	1	5	1	4
16	3	4	3	3	2	3
17	4	3	3	4	2	4
18	2	4	2	5	2	4
19	4	2	2	4	1	4
20	4	2	2	4	3	4
21	3	3	1	4	3	2
22	3	3	3	5	1	3
23	4	3	2	5	2	3
24	2	4	3	5	2	2
25	2	4	4	2	4	4
26	5	3	3	1	2	3
27	5	4	4	5	2	3
28	5	5	4	4	4	3
29	5	5	4	5	4	1
30	5	1	3	5	2	4

表 6-3　綜合醫院類型 B

NO.	bright	Color	space	moving	frequency	fee
31	3	4	3	2	2	2
32	2	3	3	5	5	4
33	3	3	3	1	3	3
34	3	4	3	4	4	2
35	2	3	2	3	1	3
36	3	3	2	4	3	3
37	3	3	4	4	4	1
38	1	5	2	4	4	1
39	4	2	2	4	3	2
40	4	2	1	3	1	4
41	4	2	3	5	1	2
42	3	3	2	5	1	3
43	2	4	2	5	3	2
44	3	3	3	4	5	2
45	4	4	3	4	3	2
46	4	3	3	3	5	3
47	4	4	3	4	5	2
48	2	2	4	2	3	2
49	4	4	2	3	3	2
50	2	2	3	4	3	2
51	4	4	2	5	4	3
52	3	3	2	4	4	4
53	4	4	2	4	3	4
54	3	3	5	3	4	2
55	4	4	4	1	4	2
56	2	4	2	5	1	4
57	3	4	4	5	2	4
58	3	4	4	3	1	3
59	4	4	3	4	4	2
60	3	3	2	4	2	4

表 6-4 綜合醫院類型 C

NO.	bright	Color	space	moving	frequency	fee
61	4	2	2	2	5	3
62	2	4	3	2	4	1
63	5	4	4	1	4	4
64	3	3	3	2	3	1
65	5	1	2	3	2	3
66	3	3	3	2	3	2
67	4	4	4	2	3	4
68	3	3	3	1	5	1
69	3	3	3	2	5	3
70	4	4	3	1	5	1
71	3	3	5	2	5	2
72	3	3	3	3	4	2
73	3	4	2	3	2	2
74	4	4	2	3	3	3
75	2	5	3	3	4	3
76	3	3	2	2	2	3
77	4	3	3	4	3	3
78	3	3	2	5	2	3
79	3	3	4	2	4	4
80	4	4	2	5	1	4
81	3	3	3	2	2	3
82	3	3	3	2	2	5
83	3	3	4	3	4	3
84	3	3	4	4	2	2
85	3	4	5	1	3	1
86	4	4	4	2	2	2
87	4	4	2	4	2	3
88	3	3	2	2	2	4
89	5	2	3	3	1	2
90	4	3	4	3	1	5

6-2 想分析的事情是什麼

1. 調查項目

在以下的路徑圖中，想按照 3 家綜合醫院調查室內照明、外觀色彩、空間認知、動線、使用次數、掛號費用之間的關聯性。

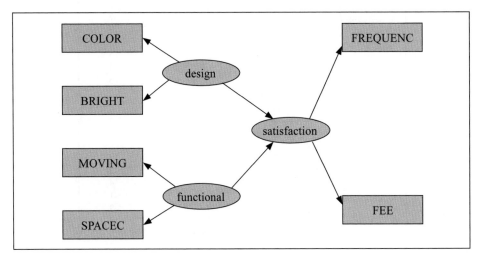

圖 6-1

此時想探討如下事項：

---

1. 從設計性來看，對利用者滿意度之影響來說，在綜合醫院 A、B、C 之間有何不同？
2. 從機能性來看，對利用著滿意度之影響來說，在綜合醫院 A、B、C 之間有何不同？
3. 設計性最高的綜合醫院是 A、B、C 之中的何者？
4. 機能性最高的綜合醫院是 A、B、C 之中的何者？
5. 利用者滿意度最高的是 A、B、C 之中的何者？

此時可以考慮如下的統計處理。

2. 統計處理

使用結構方程模式分析所用軟體 Amos 製作如下的路徑圖：

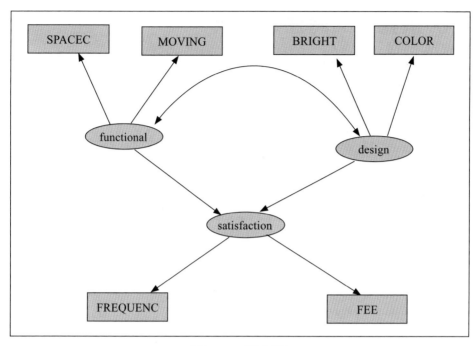

圖 6-2　路徑圖

利用多母體的同時分析分別估計 3 個類型中的如下路徑係數：

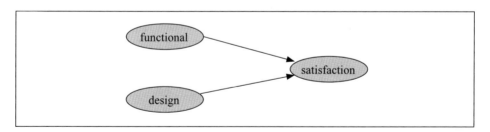

利用平均構造模式，針對

比較 3 個類型的平均之差異。

6-3 撰寫論文時注意事項

1.結構方程模式分析之情形

撰寫論文要注意以下幾點。

因此，進行多母體的同時分析之後，從設計性到利用者滿意度的路徑係數，得出如下。

表 6-5

類型 ＼ 係數	未標準化係數	標準化係數
綜合醫院 A	−0.383	−0.234
綜合醫院 B	−2.380	−0.666
綜合醫院 C	−0.681	−0.427

因此，設計性與利用者的滿意度不一定有關聯。

從機能性到利用者滿意度的路徑係數，得出如下。

表 6-6

類型 ＼ 係數	未標準化係數	標準化係數
綜合醫院 A	0.144	0.046
綜合醫院 B	1.811	0.089
綜合醫院 C	1.728	0.651

因此，機能性與利用者的滿意度有關聯，但綜合醫院 A 比綜合醫院 B、C 來說，其關聯略低。

接著，設計性與機能性的平均值，得出如下。

表 6-7

類型 ＼ 平均值	設計性	機能性
綜合醫院 A	0	0
綜合醫院 B	−0.248	0.097
綜合醫院 C	0.045	0.490

因此，以綜合醫院 A 為基準時，在設計性上，綜合醫院 B 較差。

在機能性上，綜合醫院 C 較優勢。

設計性與機能性在平均值的周邊的利用者滿意度，得出如下。

表 6-8

類型	滿意度
綜合醫院 A	0
綜合醫院 B	0.473907
綜合醫院 C	0.391075

因此，知綜合醫院 B 的滿意度最高。

在此分析中，模式適合度指標的 RMSEA 是 0.000。

由以上事項可以判讀出什麼呢？

知識補充站

微軟創辦人比爾‧蓋茲經典名言系列之一

1. 人生是不公平的，習慣去接受它吧！
2. 這個世界不會在乎你的自尊，這個世界期望你先做出成績，再去強調自己的感受。
3. 你不會一離開學校就有百萬年薪，你不會馬上就是擁有行動電話的副總裁，二者你都必須靠努力賺來。
4. 如果你覺得你的老師很兇，等你有了老闆就知道了，老闆是沒有工作任期保障的。
5. 在速食店煎漢堡並不是作賤自己，你的祖父母對煎漢堡有完全不同的定義：機會。
6. 如果你一事無成，不是你父母的錯，所以不要只會對自己犯的錯發牢騷，從錯誤中去學習。

6-4 數據輸入類型

將表 6-2～6-4 的資料，輸入如下。數據可參 data_6-1.sav。

	類型	照明	色彩	空間認知	動線	使用次數	門票費用	var
1	1	3	3	3	4	2	4	
2	1	3	3	2	5	2	3	
3	1	2	4	2	2	3	3	
4	1	4	2	3	4	1	3	
5	1	3	3	2	3	4	1	
6	1	4	2	2	5	5	3	
7	1	3	3	2	5	5	3	
8	1	2	4	3	2	1	3	
9	1	4	2	3	4	4	1	
10	1	2	4	3	2	5	3	
11	1	2	2	3	3	4	4	
12	1	2	3	2	5	4	1	
13	1	3	4	2	5	1	4	
14	1	4	3	2	4	1	3	
15	1	3	3	1	5	1	4	
16	1	3	4	3	3	2	3	
17	1	4	3	3	4	2	4	
18	1	2	4	2	5	2	4	
19	1	4	2	2	4	1	4	
20	1	4	2	2	4	3	4	
21	1	3	3	1	4	3	2	
22	1	3	3	3	5	1	3	
23	1	4	3	2	5	2	3	
24	1	2	4	3	5	2	2	
25	1	2	4	4	2	4	4	
26	1	5	3	3	1	2	3	
27	1	5	4	4	5	2	3	
28	1	5	5	4	4	4	3	

資料輸入 SPSS 時，可
從畫面下方的變數檢視
與資料檢視進行切換。

	類型	照明	色彩	空間認知	動線	使用次數	門票費用	var
64	3	3	3	3	2	3	1	
65	3	5	1	2	3	2	3	
66	3	3	3	3	2	3	2	
67	3	4	4	4	2	3	4	
68	3	3	3	3	1	5	1	
69	3	3	3	3	2	5	3	
70	3	4	4	3	1	5	1	
71	3	3	3	5	2	5	2	
72	3	3	3	3	3	4	2	
73	3	3	4	2	3	2	2	
74	3	4	4	2	3	3	3	
75	3	2	5	3	3	4	3	
76	3	3	3	2	2	2	3	
77	3	4	3	3	4	3	3	
78	3	3	3	2	5	2	4	
79	3	3	3	4	2	4	4	
80	3	4	4	2	5	1	4	
81	3	3	3	3	2	2	3	
82	3	3	3	3	2	2	5	
83	3	3	3	4	3	4	3	
84	3	3	3	4	4	2	2	
85	3	3	4	5	1	3	1	
86	3	4	4	4	2	2	2	
87	3	4	4	2	4	2	3	
88	3	3	3	2	2	2	4	
89	3	5	2	3	3	1	2	
90	3	4	3	4	3	1	5	
91								

6-5 指定資料的檔案

以下以步驟的方式進行說明。

步驟 1　點選開始 ⇨ IBM SPSS Amos ⇨ Amos Graphis。

步驟 2　變成以下畫面時，從 [分析] 的清單中，選擇 [組管理]。

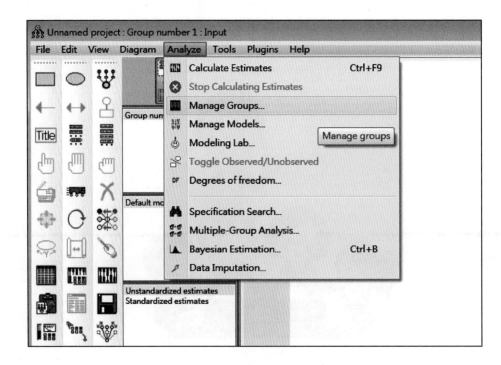

步驟 3 如下，[組名] 成爲 Group Number 1。

步驟 4 因之，如下輸入 typeA。
然後，按 Close 。

步驟 5 接著從 [檔案] 的清單中選擇 [資料檔]。

步驟 6　變成資料檔的畫面時，按一下 [檔名]。

步驟 7　指定用於分析的檔名（data_6.1）按一下 [開啓 (O)]。

步驟 8　回到資料檔的畫面時，如下在檔案的地方，顯示用於分析的檔名。
　　　　接著，資料因分成了 3 個類型，因之按一下 [分組變數]。

Data Files

Group Name	File	Variable	Value	N
typeA	data_6.1.sav			90/90

File Name	Working File	Help
View Data	Grouping Variable	Group Value
OK		Cancel

☐ Allow non-numeric data　　　　☐ Assign cases to groups

步驟 9　變成了選擇分組變數的畫面時，選擇類型（TYPE），按 確定 。

Choose a Grouping Variable

Group: typeA
File: c:\users\chen\desktop\18.1.1.sav

Variable
TYPE
BRIGHT
COLOR
SPACE
MOVING
FREQU...
FEE

OK	Cancel
No Variable	Help

步驟 10 於是，在變數的地方，列入分組數名稱「TYPE」。
接著，按一下 [組值]。

Data Files				
Group Name	File	Variable	Value	N
typeA	data_6.1.sav	TYPE		90/90

File Name   Working File   Help

View Data   Grouping Variable   Group Value

OK   Cancel

☐ Allow non-numeric data   ☐ Assign cases to groups

步驟 11 變成組識別值的選擇畫面時，選擇數值之中的 1，按 確定 。

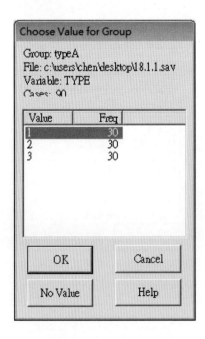

Choose Value for Group

Group: typeA
File: c:\users\chen\desktop\18.1.1.sav
Variable: TYPE
Cases: 90

Value	Freq	
1	30	
2	30	
3	30	

OK   Cancel

No Value   Help

步驟 12　於是，在資料檔的畫面中的數值處列入 1。

　　　　然後，按 確定 。

Data Files

Group Name	File	Variable	Value	N
typeA	data_6.1.sav	TYPE	1	30/90

File Name	Working File	Help
View Data	Grouping Variable	Group Value
OK		Cancel

☐ Allow non-numeric data　　　☐ Assign cases to groups

6-6 繪製共同的路徑圖

步驟 1　此分析由於想指定平均值與截距，所以從[檢視]的清單中選擇[分析性質]。

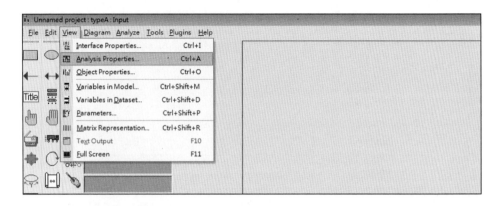

步驟 2　變成分析性質的畫面時，點一下 [估計] 勾選 [估計平均值與截距]，也點一下 [輸出]，勾選 [標準化估計值]，然後關閉此分析性質之視窗。

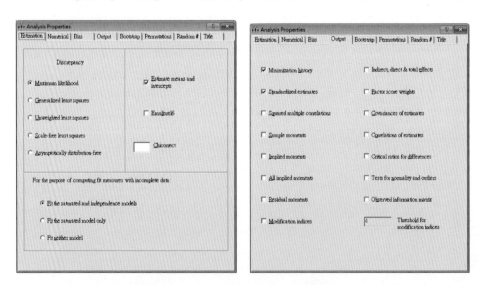

（註）此處的點選是針對潛在變數的設定。

步驟 3　回到 Graphics 的畫面時如下繪製路徑圖。

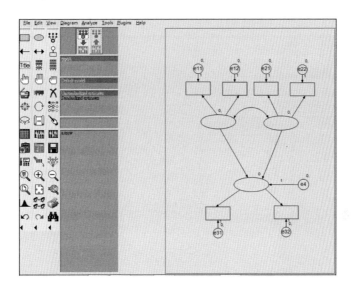

（註）因在步驟 2 中對估計平均值與截距已有勾選，所以在圓或橢圓的右肩
　　　上加上 0。此意指以類型 A 為基準，因之類型 A 的平均 =0。
　　　e11 等的變數名，如在圓上連按兩下，會出現物件性質之畫面，然後如
　　　下輸入變數名即可。）

步驟 4　為了在□中輸入觀察到的變數名，從 [檢視] 的清單中選擇 [資料組中所含
　　　有的變數]。

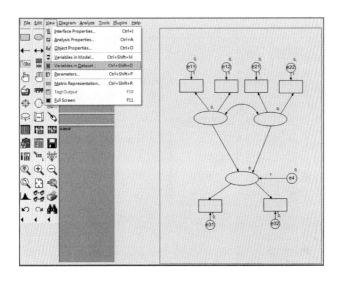

步驟 5 如下出現資料檔的變數名的畫面，因之按一下用於分析變數名，再拖曳到□之上。

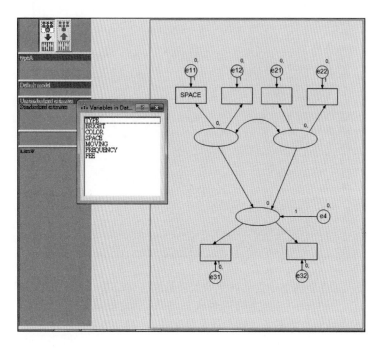

步驟 6 重複此動作，變數名的投入結束時，關閉資料組中所包含變數的畫面。
（註）如投錯名稱時，在□上按兩下，在所出現的物件性質的畫面上即可刪除。

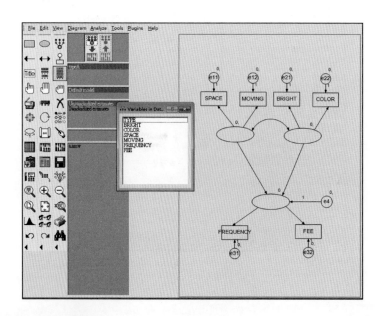

步驟 7　其次，為了在 ◯ 之中放入潛在變數名，在 ◯ 的上面按右鍵，然後選擇
　　　　[物件性質]。

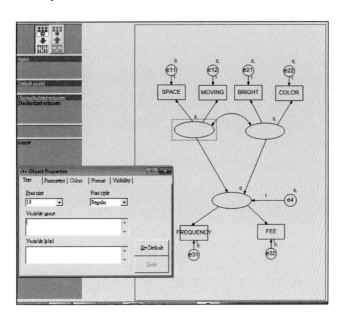

步驟 8　在 [物件性質] 的方框的 [變數名] 中輸入潛在變數名，再關閉畫面。

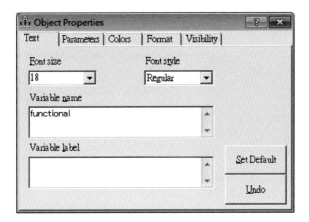

步驟 9　於是在 ⬭ 之中放進了潛在變數名稱（functional）。

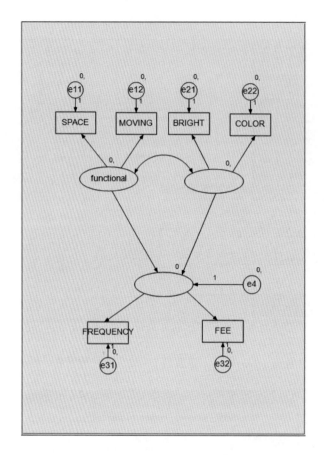

步驟 10　重複此動作，完成的圖形如下顯示。

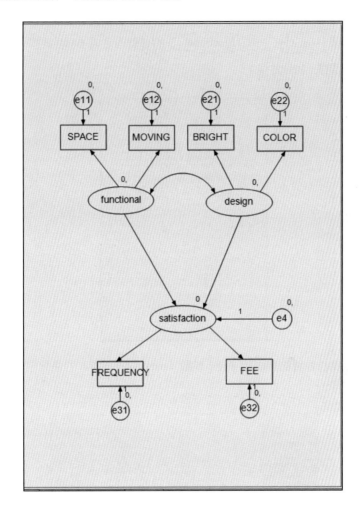

6-7　指定共同的參數

步驟 1　為了將 $\boxed{\text{space}} \longleftarrow \bigcirc\!\!\text{functional}$ 的參數固定成 1，右鍵按一下箭頭的上方，選擇 [物件性質]。

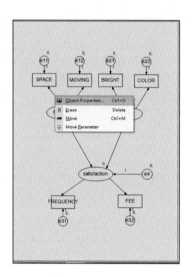

步驟 2　變成物件性質的畫面時，在 [參數（parameter）]Tab 的係數中輸入 1，再關閉畫面。

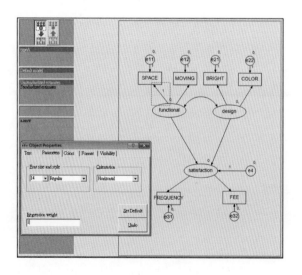

步驟 3　於是路徑圖的箭線上放入 1。

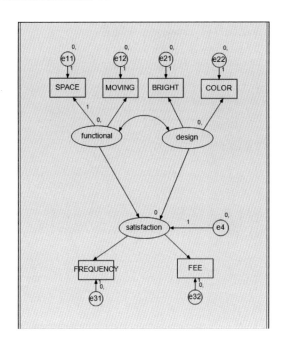

步驟 4　 的箭線
　　　　上也同樣放入 1。

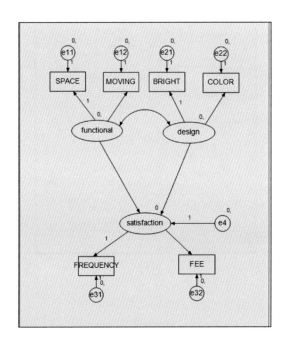

步驟5 接著對剩下部分的參數加上名稱。
因此,從 [Plugins] 的清單中選擇 name parameters。
〔Amos 22 是直接從分析(analyze)中點選〕。

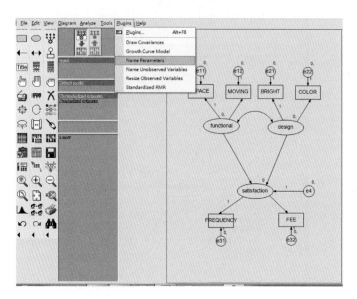

步驟6 此處,如下勾選後按 [確定]。

	Amos Graphics	
Prefix	Parameters	
C	☑ Covariances	
W	☑ Regression weights	
V	☐ Variances	
M	☑ Means	
I	☑ Intercepts	
OK	Cancel	

步驟 7　於是如下在路徑圖上加上參數名。

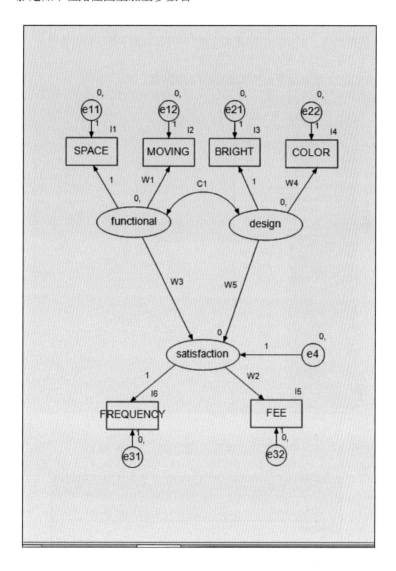

6-8 資料的組管理

步驟 1　3 個類型為了在相同的路徑圖上進行分析可進行資料的組管理。
　　　　從 [分析] 的清單中選擇 [組管理]。
　　　　〔Amos 22 是直接從分析（analyze）中點選〕。

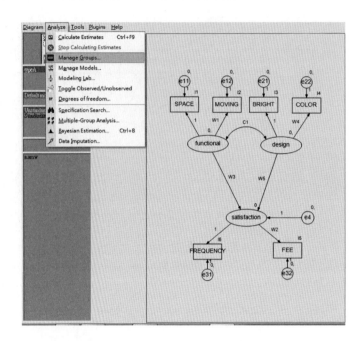

步驟 2　如下，[組名] 的地方變成類型 A 因之按一下 [新增]。

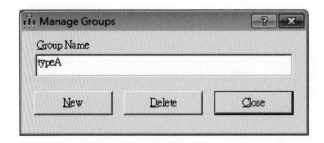

步驟 3 由於組名（G）變成 Number 2，乃輸入類型 B 再按 [新增 (N)]。

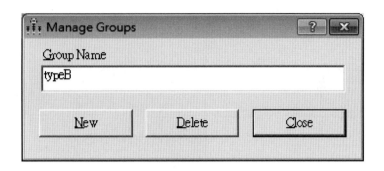

步驟 4 接著，輸入類型 C 之後，按 Close 。

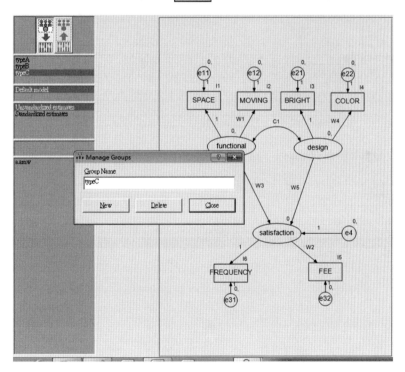

步驟 5　為了分別指定類型 B 與類型 C 的資料，從 [檔案] 的清單中選擇 [資料檔]。

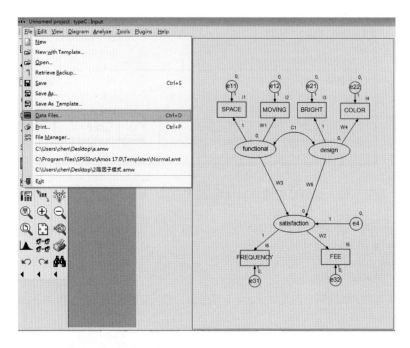

步驟 6　變成資料檔的畫面時，選擇類型 B，按一下 [檔名]。

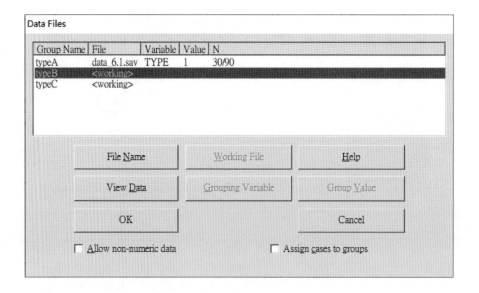

步驟7　與類型 A 一樣指定檔名（data_6.1），按一下 [開啓 (O)]。

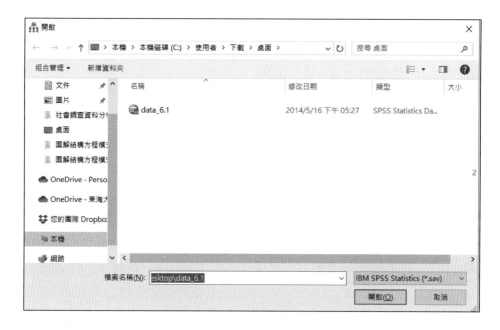

步驟8　接著，與步驟 8～11 相同，設定分組變數名與組的識別值。
　　　　於是，類型 B 的資料檔即如下加以設定。

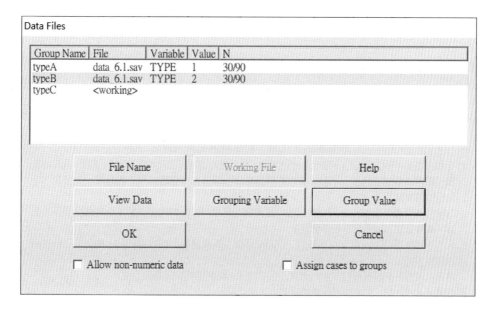

步驟 9　類型 C 也與步驟 6～8 同樣設定。

Data Files				
Group Name	File	Variable	Value	N
typeA	data_6.1.sav	TYPE	1	30/90
typeB	data_6.1.sav	TYPE	2	30/90
typeC	data_6.1.sav	TYPE	3	30/90

File Name	Working File	Help
View Data	Grouping Variable	Group Value
OK		Cancel

☐ Allow non-numeric data　　　　　☐ Assign cases to groups

（註）為了對 3 個綜合醫院 A、B、C 的潛在變數貼上「相同名稱」：[設計
　　　性]、[機能性]、[滿意度]，有需要將「參數 W1、W2、W3 之值共
　　　同設定」。

知識補充站

微軟創辦人比爾・蓋茲經典名言系列之二

1. 在你出生前，你的父母並不像現在這般無趣，他們變成這樣是因為忙著付你的開銷、洗你的衣
　服、聽你吹噓自己有多了不起。所以在你拯救被父母這代人破壞的熱帶雨林前，先整理一下
　自己的房間吧！
2. 在學校裡可能有贏家和輸家，在人生中卻還言之過早。學校可能會不斷給你機會找到正確答
　案，真實人生中卻完全不是這麼回事。
3. 人生不是學期制，人生沒有寒暑假，沒有哪個雇主有興趣協助你找尋自我，請用自己的空暇
　做這件事吧！
4. 電視上演得並不是真實的人生。真實人生中每個人都要離開咖啡廳去上班。
5. 對書呆子好一點，你未來很可能就為其中一個工作。

Note

6-9 於各類型中部分變更參數的指定

步驟 1　按一下類型 B 時，出現與類型 A 相同的路徑圖。

為了變更 〈 機能性 〉 ────▶ 〈 滿意度 〉 的參數名稱在箭線上按兩下將

係數從 W3 變更為 W32。

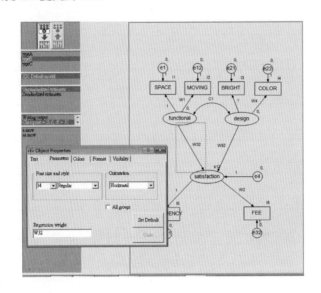

（註）要先將 all group 的勾選取消喔！

步驟 2　同樣，將 〈 設計性 〉 ────▶ 〈 滿意度 〉 的參數按兩下，將係數從 W5

變更為 W52。

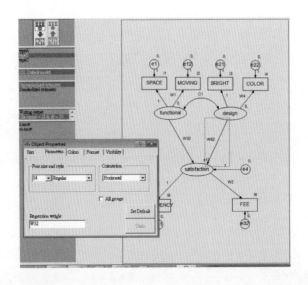

步驟3 接著，將 機能性 ⟷ 設計性 的參數按兩下，將係數從 C1
變更為 C12。

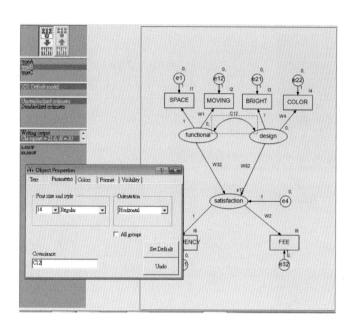

步驟4 為了變更 機能性 的平均的參數名，在 機能性 之上按兩下將
平均從 0 變更為 h12。

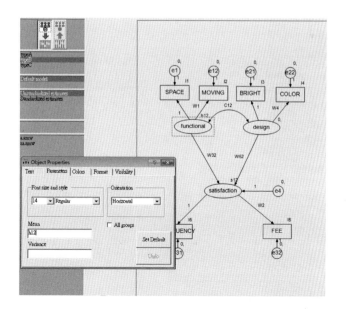

步驟 5　　（設計性）的平均也一樣從 0 變更為 h22。

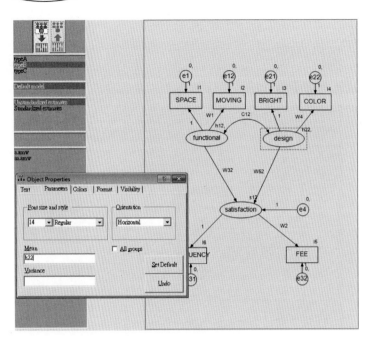

步驟 6　最後，為了變更（滿意度）的截距的參數名，在（滿意度）之上按
　　　　兩下，將截距從 0 變更為 S12。

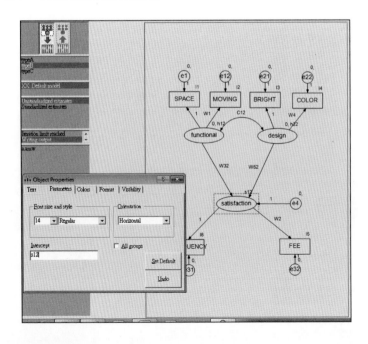

步驟 7 類型 B 的參數名變成如下。

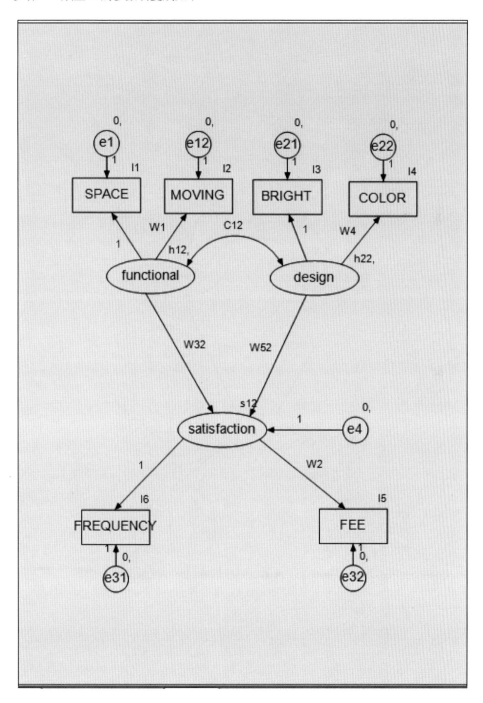

步驟 8 類型 C 的參數名變成如下。

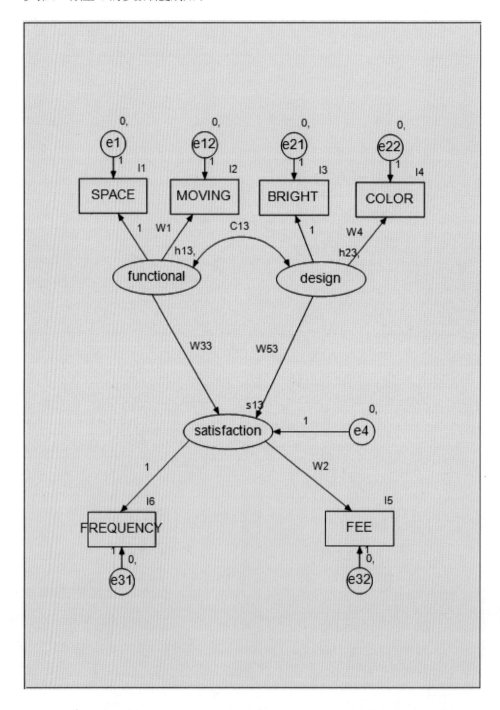

Note

6-10 Amos**的執行**

步驟 1　從分析（analyze）的清單中，選擇 [計算估計值]。

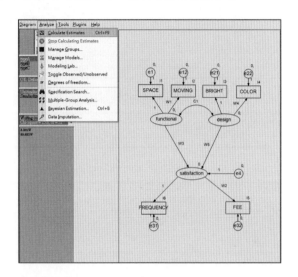

步驟 2　類型 A 的未標準化估計值，變成如下的畫面。

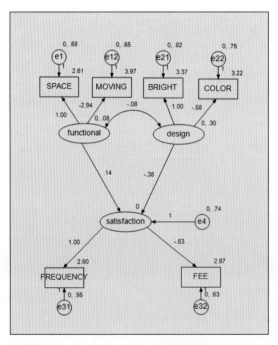

（註）xx 模式 1 變成 OK 模式 1 時，計算即已完成。

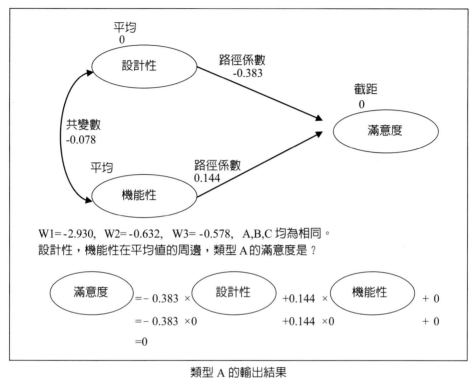

W1=-2.930, W2=-0.632, W3=-0.578, A,B,C 均為相同。

設計性，機能性在平均值的周邊，類型 A 的滿意度是？

$$滿意度 = -0.383 × 設計性 + 0.144 × 機能性 + 0$$
$$= -0.383 × 0 + 0.144 × 0 + 0$$
$$= 0$$

類型 A 的輸出結果

步驟 3　類型 B 的未標準化估計值變成如下。

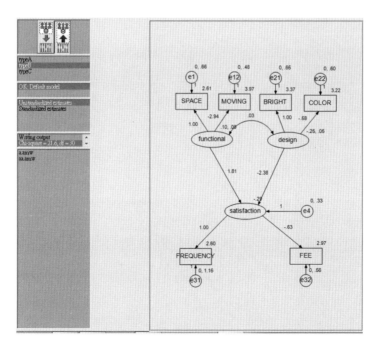

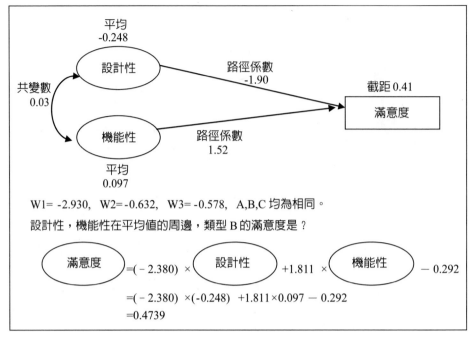

W1= -2.930，W2=-0.632，W3= -0.578，A,B,C 均為相同。

設計性，機能性在平均值的周邊，類型 B 的滿意度是？

滿意度 ＝(－2.380) × 設計性 +1.811 × 機能性 － 0.292

=(－2.380) ×(-0.248) +1.811×0.097 － 0.292
=0.4739

類型 B 的輸出結果

步驟 4　類型 C 的未標準化估計值變成如下。

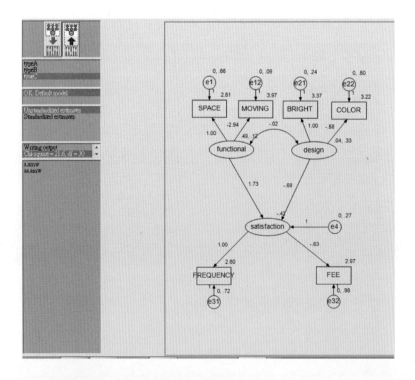

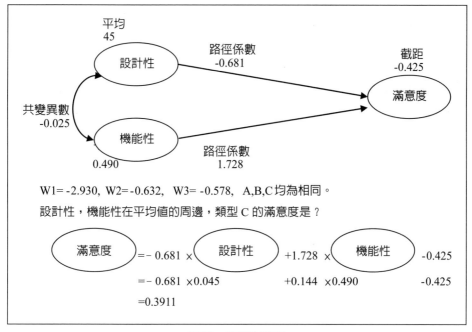

W1= -2.930, W2=-0.632, W3= -0.578, A,B,C均為相同。

設計性，機能性在平均值的周邊，類型 C 的滿意度是？

滿意度 =- 0.681 × 設計性 +1.728 × 機能性 -0.425

=- 0.681 ×0.045　　　+0.144 ×0.490　　　-0.425

=0.3911

類型 C 的輸出結果

6-11 輸出結果的顯示

步驟 1　從 [檢視] 的清單中，選擇 [Text 輸出]。

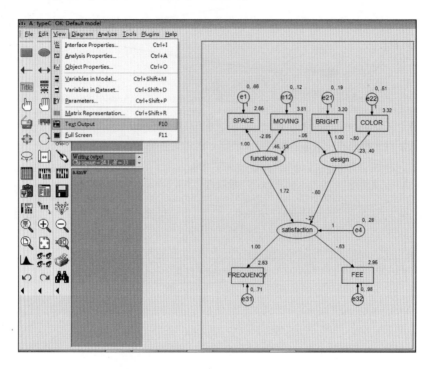

步驟 2　變成了如下的 Text 輸出畫面。
　　　　首先，按一下 [參數估計值]，觀察輸出結果。

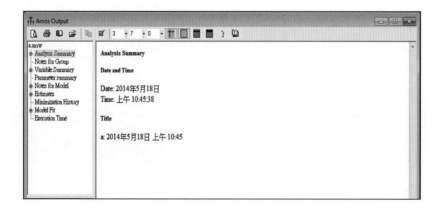

步驟 3 點一下 typeA，針對參數估計值如下顯示路徑係數。

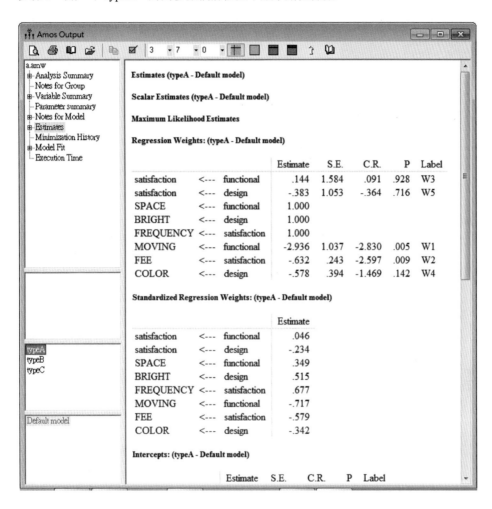

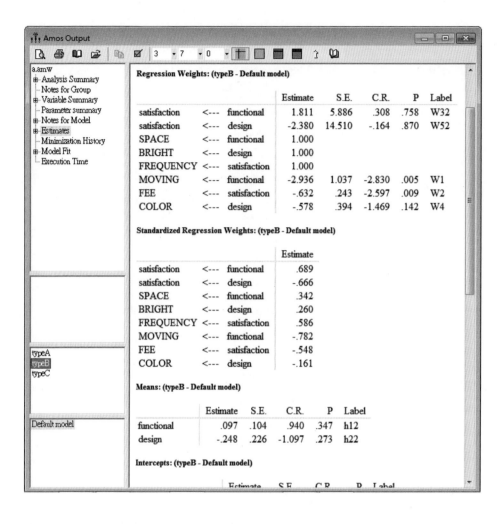

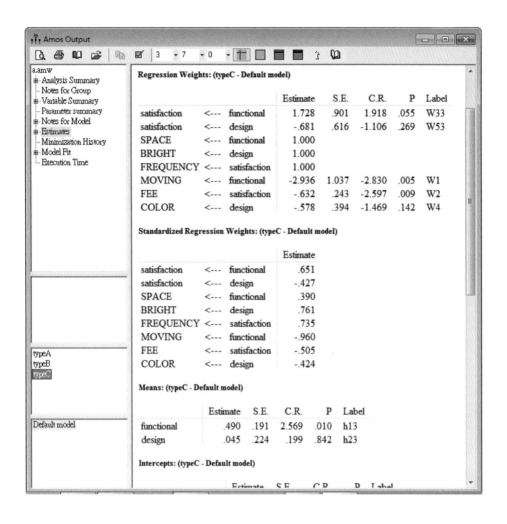

Amos Output

a.amw
⊕ Analysis Summary
 Notes for Group
⊕ Variable Summary
 Parameter summary
⊕ Notes for Model
⊕ Estimates
 Minimization History
⊕ Model Fit
 Execution Time

typeA
typeB
typeC

Default model

Regression Weights: (typeC - Default model)

			Estimate	S.E.	C.R.	P	Label
satisfaction	<---	functional	1.728	.901	1.918	.055	W33
satisfaction	<---	design	-.681	.616	-1.106	.269	W53
SPACE	<---	functional	1.000				
BRIGHT	<---	design	1.000				
FREQUENCY	<---	satisfaction	1.000				
MOVING	<---	functional	-2.936	1.037	-2.830	.005	W1
FEE	<---	satisfaction	-.632	.243	-2.597	.009	W2
COLOR	<---	design	-.578	.394	-1.469	.142	W4

Standardized Regression Weights: (typeC - Default model)

			Estimate
satisfaction	<---	functional	.651
satisfaction	<---	design	-.427
SPACE	<---	functional	.390
BRIGHT	<---	design	.761
FREQUENCY	<---	satisfaction	.735
MOVING	<---	functional	-.960
FEE	<---	satisfaction	-.505
COLOR	<---	design	-.424

Means: (typeC - Default model)

	Estimate	S.E.	C.R.	P	Label
functional	.490	.191	2.569	.010	h13
design	.045	.224	.199	.842	h23

Intercepts: (typeC - Default model)

	Estimate	S.E.	C.R.	P	Label

步驟 4　按一下模式適合度（Model Fit）。
　　　　如下顯示有關適合度的統計量。

Model Fit Summary

CMIN

Model	NPAR	CMIN	DF	P	CMIN/DF
Default model	51	21.552	30	.870	.718
Saturated model	81	.000	0		
Independence model	36	61.747	45	.049	1.372

Baseline Comparisons

Model	NFI Delta1	RFI rho1	IFI Delta2	TLI rho2	CFI
Default model	.651	.476	1.266	1.757	1.000
Saturated model	1.000		1.000		1.000
Independence model	.000	.000	.000	.000	.000

Parsimony-Adjusted Measures

Model	PRATIO	PNFI	PCFI
Default model	.667	.434	.667
Saturated model	.000	.000	.000
Independence model	1.000	.000	.000

NCP

Model	NCP	LO 90	HI 90
Default model	.000	.000	4.813
Saturated model	.000	.000	.000
Independence model	16.747	.067	41.468

FMIN

Note

6-12 輸出結果的判讀

1. CMIN 是卡方值
    （顯著）機率 0.870 > 顯著水準 0.05
    可以認爲模式是合適的。
    如顯著機率 < 顯著水準 0.05 時，可以認爲模式是不適合的。

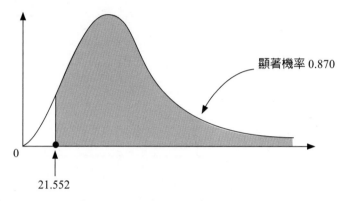

顯著機率 0.870

0

21.552

圖 6-3　自由度 30 的卡方分配

2. NFI = 0.651
    NFI 接近 1 時，模式的適配可以說是好的。
    NFI = 0.651，因之模式的適配可以認爲是好的。
3. RMSEA 未滿 0.05 時，模式的適配可以說是好的
    RMSEA 在 0.1 以上時，模式的適配可以說是不好的
    RMSEA = 0.000，因之模式的適配可以認爲是好的。
4. AIC 是赤池資訊量基準。
    AIC 小的模式是好的模式。
    （註）有興趣的讀者可參閱筆者另一書《醫護統計與 AMOS ── 分析方法與應用》。

步驟 1　想輸出標準化估計值時，從 [檢視 (V)] 的清單中，選擇 [分析性質 (A)]。

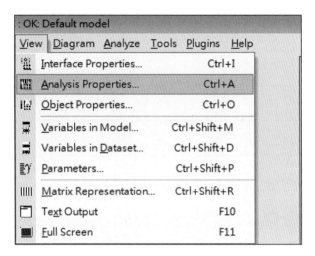

步驟 2　接著在輸出的 Tab 中，勾選□標準化估計值在關閉分析性質的視窗，即可計算估計值。

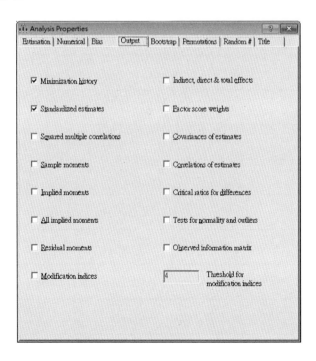

Note

附　錄

附錄僅提供本書所需的參考資料，若仍有不足之處，可參閱其他相關書籍。

附錄1 母平均與樣本平均

試就統計學經常加以利用的平均之意義加以調查看看。考察以下的資料。

數據 no.	變數
1	x_1
2	x_2
…	…
n	x_n

由此資料所得到的變數 x 之平均，可以如下之定義：

$$\overline{x} = \frac{x_1 + x_2 + \cdots + x_n}{n} \qquad ①$$

此處，n 是資料的個數，稱為樣本大小。

資料整理成如下的次數分配表（第一章第一節）的型式也有，此時也順便定義平均的求法。

組中值	次數
x_1	f_1
x_2	f_2
…	…
x_n	f_n

此時，平均可如下加以定義：

$$\overline{x} = \frac{x_1 f_1 + x_2 f_2 + \cdots + x_n f_n}{n} \qquad ②$$

平均是表示資料的分配重心。

但是，所得到的資料是群體的一部分。統計學中將此群體稱為母體，從中隨機抽出的一部分稱為樣本。

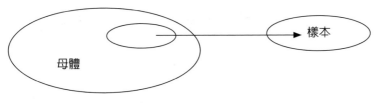

圖　母體與樣本之關係

　對母體來說，平均的定義也與 1 相同。

　統計學中為了區分「對母體的平均」與「對樣本之平均」，將「對母體之平均」以希臘字母 μ 來表示。

$$\mu = \frac{x_1 + x_2 + \cdots + x_N}{N}$$ 　　　　（N 是母體的總數）

　此 μ 稱為母平均，由樣本所得到之樣本平均以 $\bar{x}$ 表示以資區別。

　統計學中，以下的性質是眾所皆知的。

大數法則：
樣本平均的平均 = 母平均。

　依樣本的取法之不同，平均有所不同而呈現變異。可是，如計算由所有的樣本所得到之平均（樣本平均）之平均時，即成為母平均。此性質是稱為「平均之不偏性」的重要性質。

　最後，就偏差調查看看。所謂變數 x 的偏差是由變數之值減去平均。亦即，變數 x 之值的偏差可如下定義：

$$x_i - \bar{x}$$

是表示偏離平均的程度。

附錄2　母變異數與樣本變異數、不偏變異

試就統計學中經常加以利用的變異數之意義進行調查。考察以下的資料：

數據 No	變數 x
1	x_1
2	x_2
…	…
n	x_n

由此資料所得到的變異數有 2 種。一是稱為不偏變異，如下加以定義：

$$s'^2 = \frac{(x_1 - \overline{x})^2 + (x_2 - \overline{x})^2 + \cdots + (x_n - \overline{x})^2}{n-1}$$ ①

另一個變異數稱為樣本變異數，如下加以定義：

$$s^2 = \frac{(x_1 - \overline{x})^2 + (x_2 - \overline{x})^2 + \cdots + (x_n - \overline{x})^2}{n}$$ ②

此處 $\overline{x}$ 是表示附錄 1 所調查的平均。

與平均一樣，也可對母體定義變異數（稱為母變異數）。

$$\sigma^2 = \frac{(x_1 - \mu)^2 + (x_2 - \mu)^2 + \cdots + (x_N - \mu)^2}{N}$$ ③

μ 是母平均，N 是母體的總數。

結構方程模式分析中作為統計的對象是母體。因此，③所定義的 σ^2 即為估計的參數。

不偏變異如其名具有不偏性，亦即，依樣本的取法，變異數之值呈現各種的變化，就整個母體計算這些之平均時，它與母變異數是一樣的，亦即，

不偏變異的平均＝母變異數

樣本變異數②，並無此不偏性。

以往的統計學中，此不偏變異是主角。可是，以最大概似估計法為主的結構方程模式分析中，樣本變異數 s^2 是變異數的主角。因為以最大概似估計法所估計的是樣本平均。

試調查變異數的圖形上之意義。平均是表示資料之中的數據的重心。變異數是表示數據離平均之分散程度。亦即，變異數（s^2）之平方根 s（將此稱為標準差）是表示

資料分配的大略意義。

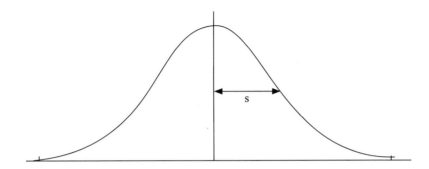

最後，結構方程模式分析所使用的軟體 Amos 所計算的變異數是樣本變異數（s^2）。與 Excel 的函數 VAR 等所計算之值不同。

註解

有關標準化後的數據的變異數是1

如進行附錄 3 中所調查的「標準化」之作業時，變數的平均成為 0，變異數成為 1。此性質，不管利用哪一種變異數的定義，只要統一性的使用，經常是成立的。

附錄3　變數的標準化

　　處理多變量的資料時，變數間之單位或尺度一般是不同的。此時，要進行標準化的操作。

　　譬如，請看下表。這是某棒球隊 10 人的打擊率與得分數。

選手 NO	打擊率	得分數
1	0.371	14
2	0.299	10
3	0.365	13
4	0.299	7
5	0.315	14
6	0.261	9
7	0.267	9
8	0.309	18
9	0.229	7
10	0.333	11

　　只是看此資料，各個選手與全體中的地位並無法立即得知。譬如，請看第 2 號選手。此人的打擊率是相對的屬於高的呢？得分是屬於多的呢？只是乍看是模糊不清的。

　　因此，試進行以下的變換看看。

$$z = \frac{x - \bar{x}}{s} \qquad ①$$

s 是變數 x 的標準差（s^2 是變異數），$\bar{x}$ 是變數 x 的平均。此變換稱為標準化。上面的資料就各變換進行此變換看看，結果如下表：

選手 NO	打擊率	得分數
1	1.438	0.795
2	0.024	-0.341
3	1.321	0.511
4	-1.352	-1.193
5	0.338	0.795

選手 NO	打擊率	得分數
6	-0.723	-0.625
7	-0.605	-0.625
8	0.220	1.931
9	-1.352	-1.193
10	0.692	-0.057

進行變換時，新的變數（亦即已標準化之變數）具有如下的性質。

(1) Z 的平均成為 0，變異數成為 1。

以圖表示時，即成為如下，分配的中心變成 0，分配的寬度變成 1。

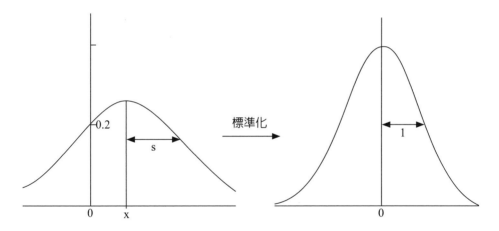

(2) Z 如果是正，即比標準大，如果是負，即比標準小。

此事由標準化的定義式①也可明顯看出。

(3) Z 的大小比 1 大時，比標準的偏離還大。

以直覺的方式來說，標準差是表現分配的寬度（附錄 2）。因此，已標準化後之變數 Z 的變異數是 1（亦即標準差也是 1），因此大小超過 1 之數，即偏離平均甚大。

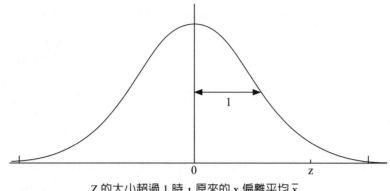

Z 的大小超過 1 時，原來的 x 偏離平均 x̄

(4)在多變數的資料中，變數間的單純比較即有可能。

　　從已標準化之變數 Z 的定義式也可看出，Z 成為無次元之值，並無單位。

　　因此，可以進行具有不同單位的數據之間的比較。

　　以上 (1)〜(4) 的性質試以上表確認看看。

　　譬如，第 5 號選手的打擊率在平均之上，即可一目瞭然。並且，第 2 號選手的打擊率，雖然屬於平均，但得分卻在平均以下。可以想像出「運氣不佳的打擊手」。

註解

標準化解

　在結構方程模式分析中，就標準化的變數進行分析之結果，稱為標準化解。

　就單位或尺度不同的數據，進行結構方程模式分析時，通常是利用此解。

　附帶一提，平均，結構方程模式分析中標準化解是無意義的，因為平均全部變換成0的緣故。

Note

附錄4　共變異數

為了表現 2 個變數之關係，就所利用之共變異數的統計量調查。
利用以下的表來定義。

NO.	變數 x	變數 y
1	x_1	y_1
2	x_2	y_2
...	...	...
n	x_n	y_n

在此表中，2 個變數 x、y 的共變數以記號 s_{xy} 表示。定義如下：

$$s_{xy} = \frac{(x_1 - \overline{x})(y_1 - \overline{y}) + (x_2 - \overline{x})(y_2 - \overline{y}) + \cdots + (x_n - \overline{x})(y_n - \overline{y})}{n} \quad ①$$

共變異數 s_{xy} 具有如下的性質。這些性質在分析多變量的資料時，是非常重要的。

(1) 2 變數 x、y 當有正的相關時，共變異數 s_{xy} 即為正值。

相關是指 x 與 y 的關連，x 愈大 y 也愈大的性質稱為有正的相關。此時，由定義①知，共變異數 s_{xy} 之值即為正。

(2) 2 變異數 x、y 當有負的相關時，共變異數 s_{xy} 即為負值。

當 x 愈大，y 卻相反地變小時，稱為變異數 x、y 之間有負的相關。
以散布圖來表示時，即為如下。此時，由定義 1 知，共變異數 s_{xy} 之值即為負。

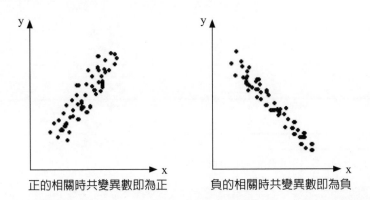

正的相關時共變異數即為正　　　　負的相關時共變異數即為負

共變異數除①之外，還有另外一種。亦即，可以如下的方式來定義（稱爲不偏變異數）。

$$s'_{xy} = \frac{(x_1 - \bar{x})(y_1 - \bar{y}) + (x_2 - \bar{x})(y_2 - \bar{y}) + \cdots + (x_n - \bar{x})(y_n - \bar{y})}{n} \qquad ②$$

像這樣所定義的②具有不偏性。可是，結構方程模式分析中一般是利用最大概似統計量①。

其理由是結構方程模式分析是利用最大概似估計法（附錄 10）的緣故。在最大概似估計法中，①即成爲性質較佳的估計量（最大概似估計值）。[註1]

另外，如平均、變異數所調查的一樣，也可調查有關母體的共變異數。此與①一樣可如下定義：

$$\sigma_{xy} = \frac{(x_1 - \bar{x})(y_1 - \bar{y}) + (x_2 - \bar{x})(y_2 - \bar{y}) + \cdots + (x_n - \bar{x})(y_n - \bar{y})}{n} \qquad ③$$

此處，n 是表示母體的大小。母體的共變異數如式③所表示的那樣，通常以希臘字σ表示。

結構方程模式分析所作爲估計的話對象是母體。因此，③所定義的σ_{xy}即爲估計的目標。

在路徑圖中以連結變異數間的雙向箭頭表示共變異數。

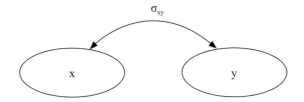

【註1】 Amos 以預設出的共變異數值即為①的變異數。

附錄5　相關係數

　　試就表示 2 變數之關係的相關係數調查看看。表示 2 變數之關係的有共變異數（附錄 4）。此共變異數是如下加以定義：

$$s_{xy} = \frac{(x_1 - \bar{x})(y_1 - \bar{y}) + (x_2 - \bar{x})(y_2 - \bar{y}) + \cdots + (x_n - \bar{x})(y_n - \bar{y})}{n}$$

　　從此式來看可以知道，共變異數之值取決於數據的尺寸與單位而定。

　　x, y 之值的大小也影響共變異數之值。因此，引進如下的係數，此即為變數 x, y 的相關係數。

$$r_{xy} = \frac{s_{xy}}{s_x s_y} \tag{①}$$

　　s_{xy} 是 2 變數 x, y 的共變異數。s_x、s_y 分別是變數 x, y 的標準差。如此所定義的相關係數可以說明具有如下的性質。

$-1 \leq r_{xy} \leq 1$

---

　　r_{xy} 之值愈接近 1，表示 2 變數 x, y 有強烈的正相關，愈接近 -1，表示有強烈的負相關。另外，愈接近 0，即表示沒有相關。

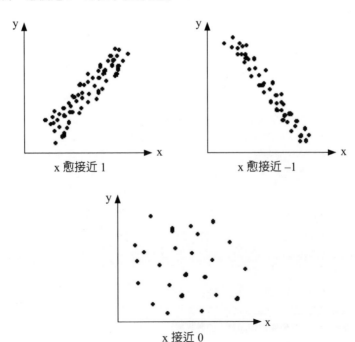

x 愈接近 1　　　　x 愈接近 -1

x 接近 0

　　在附錄 2、4 中，曾調查過變異數有 3 種。因此，對於其平方根的標準差，也存在有 3 個值。可是，相關係數不管利用哪一種結果都是相同的。譬如，利用不偏變異數（附錄 3），不偏共變異數（附錄 4）的以下相關係數之值，

$$r_{xy} = \frac{s'_{xy}}{s'_x s'_y} \qquad ②$$

也與①之值相同。

註解

標準化後之變數，共變異數即為相關係數

試以標準化後的數據，確認共變異數與相關係數是一致的。

譬如，試考察已標準化的變數 x , y。標準化時，變異數之值成為 1。因此，標準差也是 1。即

$$s_x = 1, s_y = 1$$

因此，代入相關係數的定義式時，

$$r_{xy} = \frac{s_{xy}}{s_x s_y} = s_{xy} \qquad ①$$

亦即，共變異數與相關係數是一致的。

在路徑圖上，以雙向箭頭所表示之變數間的關係是表示共變異數。

求標準化解時，此即為相關係數。

附錄6　變異數、共變異數矩陣

變數 x 的變異數、共變異數可以寫成如下（參附錄 2、4）：

$$s_x^2 = \frac{(x_1 - \overline{x})^2 + (x_2 - \overline{x})^2 + \cdots + (x_n - \overline{x})^2}{n}$$

$$s_{xy} = \frac{(x_1 - \overline{x})(y_1 - \overline{y}) + (x_2 - \overline{x})(y_2 - \overline{y}) + \cdots + (x_n - \overline{x})(y_n - \overline{y})}{n}$$

如果是 2 個變異數以內，那麼未將它們整理也不會有問題。可是，如果更多的變數時，雜亂無章地管理是很麻煩的。因此，一般將它們整理成矩陣。譬如，下圖是 Amos 的輸出例，變異數、共變異數以矩陣形式加以整理。

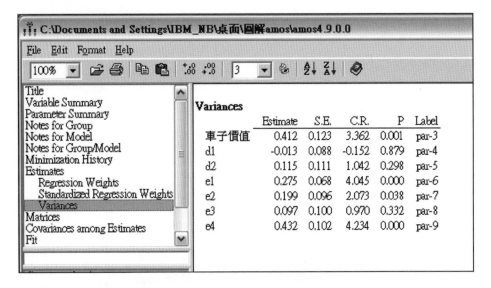

數學上，矩陣以括號將數據一併表現。譬如，3 個變數 x、y、z 時，變異數與共變異數如下頁可以整理成矩陣 S。

$$S = \begin{bmatrix} s_x^2 & s_{xy} & s_{xz} \\ s_{xy} & s_y^2 & s_{yz} \\ s_{xz} & s_{yz} & s_z^2 \end{bmatrix}$$

此稱為變數 x、y、z 的變異數 ‧ 共變異數矩陣。

變數的個數變多時，配列的表現方法也是一樣的。

關於樣本的變異數 ‧ 共變異數矩陣以大寫字母 S 表示。相對的，考察母體時，一般是利用希臘字母來表示。具體的表示 3 個變數 x、y、z 的情形時，關於母體的變異

數・共變異數矩陣表示如下。

$$\Sigma = \begin{bmatrix} \sigma_x^2 & \sigma_{xy} & \sigma_{xz} \\ \sigma_{xy} & \sigma_y^2 & \sigma_{yz} \\ \sigma_{xz} & \sigma_{yz} & \sigma_z^2 \end{bmatrix}$$

在最大概似估計法的最適化函數中是利用此記法（第 3 章）。

為了排除單位的影響，考慮相關係數（附錄 5）。這如果也以矩陣整理時就會很方便。稱此為相關矩陣，如具體的表現 3 個變數 x、y、z 時，即為如下：

$$R = \begin{bmatrix} 1 & r_{xy} & r_{xz} \\ r_{xy} & 1 & r_{yz} \\ r_{xz} & r_{yz} & 1 \end{bmatrix}$$

式中 r_{xy} 是指 x,y 的相關係數。變異數・共變異數矩陣或相關矩陣形成對稱。因此，在許多統計學的文獻中，如下例略記右上半部的情形也有。譬如，下例是 3 變數 x, y, z 的變異數・共變異數。

$$\begin{bmatrix} s_x^2 & & \\ s_{xy} & s_y^2 & \\ s_{xz} & s_{yz} & s_z^2 \end{bmatrix}$$

附錄7　迴歸分析的基礎

試觀察由 2 變數所形成的資料。

NO.	變數 x	變數 y
1	x_1	y_1
2	x_2	y_2
…	…	…
n	x_n	y_n

在此資料中，變數 x 當作原因，變數 y 之值受其影響，並考察以下的式子。

$$Y = a + bx \,(a, b \text{ 是定數})$$ ①

建立此種式子（稱爲迴歸方程式），分析變數 x 與 y 的關係即爲迴歸分析。

特別是像此式，成爲原因的變數只有 1 個時，稱爲簡單迴歸分析。並且，a 稱爲截距，b 稱爲迴歸係數。

同時，x 稱爲獨立變數（或說明變數），y 稱爲從屬變數（或目的變數）。

$$\text{Y} \quad = \quad \textbf{a} \quad + \quad \textbf{b} \quad * \quad \textbf{x}$$
$$\uparrow \qquad \uparrow \qquad \uparrow \qquad \uparrow$$
從屬變數　　截距　　單迴歸係數　　從屬變數

截距 a、迴歸係數 b 可如下加以決定。首先，y 的實測值 y_i，與由①式所得到的預測值 $a + bx_i$ 之誤差，記成 ε_i。亦即[註2]

其次，就整個資料求這些誤差的平方和 Q。a, b 是使 Q 成爲最小之下加以決定。事實上，Q 可具體寫成如下：

$$Q = \varepsilon_1^2 + \varepsilon_2^2 + \cdots + \varepsilon_n^2$$
$$= \{y_1 - (a + bx_1)\}^2 + \{y_2 - (a + bx_2)\}^2 + \cdots + \{y_n - (a + bx_n)\}^2$$

以數學的微分法即可求出使 Q 爲最小的 a, b，像這樣決定常數 a, b 的方法稱爲最小平方法。

[註2]　$\varepsilon_1, \varepsilon_2, \cdots, \varepsilon_n$ 在迴歸分析中稱為殘差。

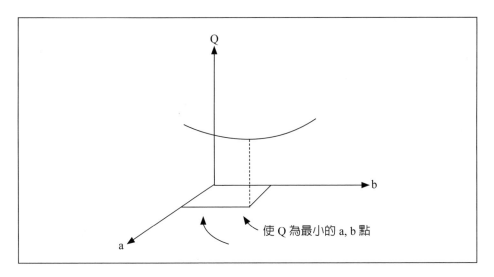

使 Q 為最小的 a, b 點

　　本書所利用的路徑圖是從圖示迴歸分析的想法中所產生出來的。事實上，①的關係可用如下的路徑圖來表現。此時，單迴歸係數 b 即為路徑係數。

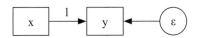

　　試調查此 b 的意義。求變異數時，利用簡單的計算，由①式即可得出下式：

$$s_y^2 = b^2 s_x^2 + s_\varepsilon^2 \qquad ②$$

試將此②式以用語表現看看。

　　「路徑係數的平方」乘以「獨立變數的變異數」加上誤差變異數，即為從屬變數的變異數。

（路徑係數）$^2 \times$ 獨立變數之變＋異數s_x^2	誤差變異數 s_ε^2

—— 從屬變數的變異數 s_y^2 ——

　　結構方程模式分析是利用與迴歸分析相同的線形模式。因此，即使是結構方程模式分析的世界，②式也經常是成立的。當解釋變異數與路徑係數時，顯得非常重要（第 2 章）。

　　特別是探討已標準化的變數 x 時，s_x^2由於成為 1，因之路徑係數的平方本身即成為在從屬變數中所占的影響量。

路徑係數 ^{2}	誤差變異數 s_ε^2

從屬變數的變異數 s_y^2

結束單迴歸分析,再進入複迴歸分析的話題。試考察由如下 3 變數所形成的資料。

NO.	變數 x	變數 u	變數 y
1	x_1	u_1	y_1
2	x_2	u_2	y_2
...	...	...	...
n	x_n	u_n	y_n

在此資料中,變數 x、u 想成是原因,變數 y 之值受它們的影響,並考察如下的式子:

$$y = a + bx + cu \quad (a, b, c 是定數) \qquad ③$$

如此式,成為原因之變數有 2 個以上時,此迴歸分析稱為複迴歸分析。同時,a、b、c 稱為偏迴歸係數。

截距 a、偏迴歸係數 b、c 的求法,與單迴歸分析的情形相同。以最小平方法加以決定。

如利用路徑圖時,此③的關係可如下表現:

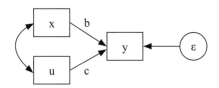

試就 b、c 的意義調查。如求出從屬變數 y 的變異數時,利用簡單的計算,即可由③得出下式(第 3 章)

$$s_y^2 = b^2 s_x^2 + c^2 s_u^2 + 2bc s_{ux} + s_\varepsilon^2 \qquad ④$$

如先前所述,結構方程模式分析是利用與迴歸分析相同的線形模式。因此,④式也是成立的。當解釋結構方程模式分析中的變異數與路徑係數時顯得很重要。

$b^2 s_x^2$	$c^2 s_u^2$	$2bc s_{xu}$	誤差變異數 s_ε^2

從屬變數的變異數 s_y^2

註解

路徑分析

　　這是將迴歸分析一般化，作成容易看者。共變異數分析中使用的迴歸分析也包含在此分類，但通常是指不含潛在變數的情形。表示觀測變數的關係時所使用的用語。

附錄8　因素分析的基礎

試考察因素分析的想法。以例子來說，假定有如下的資料。

NO	變數 u	變數 v	變數 x
1	u_1	v_1	x_1
2	u_2	v_1	x_2
…	…	…	…
n	u_n	v_n	x_n

此處，在變數 u、v、x 之背後，認為有支配它們的要因存在。譬如，u、v、x 是學校的成績時，被認為其背後有「學習能力」的要因存在。因此，想調查該要因對變數 u、v、x 的影響有多少。此要因在結構方程模式分析中正是要調查的潛在變數，稱為因素。此因素的變數名稱設為 f 時，以路徑圖表示時，關係即成為如下。

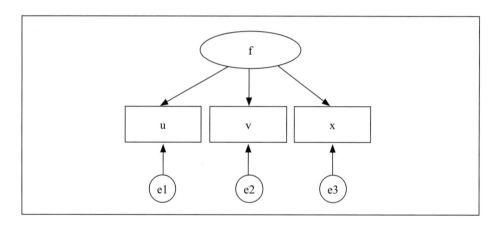

因素分析是在因素與變數之間假定線性模式。譬如，因素的個數為 1 個 f 時，即表現成：

$$u = af + e_1 \qquad ①$$
$$u = bf + e_2 \qquad ②$$
$$u = cf + e_3 \qquad ③$$

f 稱為共同部分。

在結構方程模式分析中，係數 a、b、c 稱為路徑係數，而在因素分析中稱為因素負荷量（factor loading）。又誤差變數 e_1、e_2、e_3 稱為獨自部分。

$$u \ = \ a \qquad f \qquad + \qquad e_1$$
$$\uparrow \qquad \uparrow \qquad \qquad \uparrow$$
因素負荷量　因素　　　　獨自部分

　　那麼要如何進行才可決定因素負荷量 a、b、c 與獨自部分 e_1、e_2、e_3 呢？此處，結構方程模式分析的體系正在萌芽。亦即，它是著眼於變異數與共異變數。

　　與附錄 7 的「迴歸分析」的式子②一樣，關於變異數來說，以下的關係是成立的。

$$s_u^2 = a^2 s_f^2 + s_{e1}^2 \text{，} s_v^2 = b^2 s_f^2 + s_{e2}^2 \text{，} s_x^2 = c^2 s_f^2 + s_{e3}^2$$

又計算共變異數時，

$$s_{uv} = abs_f^2 \text{，} s_{vx} = bcs_f^2 \text{，} s_{xu} = cas_f^2 \text{【註3】}$$

此處，因素的變異數 s_f^2，由於具有單位的任意性，因之定義為 1 時，上式即成為如下。

$$s_u^2 = a^2 + s_{e1}^2 \qquad\qquad ④$$
$$s_v^2 = b^2 + s_{e2}^2 \qquad\qquad ⑤$$
$$s_x^2 = c^2 + s_{e3}^2 \qquad\qquad ⑥$$
$$s_{uv} = ab \qquad\qquad ⑦$$
$$s_{vx} = bc \qquad\qquad ⑧$$
$$s_{xu} = ca \qquad\qquad ⑨$$

　　未知數有 a、b、c、s_{e1}^2，s_{e2}^2，s_{e3}^2，相對的，關係式有④～⑨。如聯立方程式論中一般所熟知的，此方程式可以求解。

　　事實上，將⑦～⑨相乘，

$$s_{uv} . s_{vx} . s_{xu} = a^2 b^2 c^2 \qquad\qquad ⑨$$

因此

$$abc = \sqrt{s_{uv} . s_{vx} . s_{xu}} \qquad\qquad ⑩\text{【註4】}$$

將⑩的兩邊，除以⑦的兩邊時，

$$c = \frac{\sqrt{s_{uv} . s_{vx} . s_{xu}}}{s_{uv}}$$

其他也是一樣，

$$a = \frac{\sqrt{s_{uv} . s_{vx} . s_{xu}}}{s_{vx}} \text{，} b = \frac{\sqrt{s_{uv} . s_{vx} . s_{xu}}}{s_{xu}}$$

【註3】　利用獨自部分與變數的無相關性。
【註4】　為了簡單起見，不考慮解的存在條件。

　　將以上的結果代入④～⑥時，s_{e1}^2，s_{e2}^2，s_{e3}^2可求出。按照這樣，從變異數、共變異數的實測值，可決定未知數 a、b、c、s_{e1}^2，s_{e2}^2，s_{e3}^2，。表示變數之關係的①～③的構造式，如此一來即可確定。

　　以上是有關 1 因素的古典型因素分析。如果是 2 個因素以上時，獨自部分的估計等，出現麻煩的地方。可是，對 1 因素的情形有了說明，想必可以了解因素分析是什麼。

Note

附錄9　χ^2分配與分配表

當機率變數 X 服從與以下的函數成比例的機率密度函數時，X 即稱之為服從自曲度 n 的 χ^2 分配。

$$\left(\frac{x}{2}\right)^{\frac{n}{2}-1} e^{-\frac{x}{2}} \qquad (x>0) \qquad \text{①}$$

此分配的樣子如下圖所示（n = 3 時）。

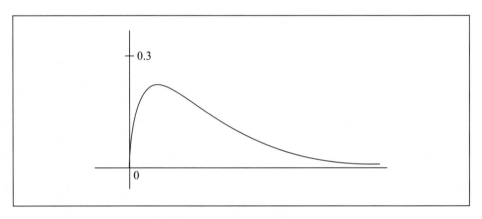

在結構方程模式分析的結果評價中，最初被利用的是利用此 χ^2 分配的 χ^2 檢定。

進行 χ^2 檢定，需要有 χ^2 分配的表。下頁是說明它的表。

表的各欄之值，提供有下圖的右側 100P% 的點。

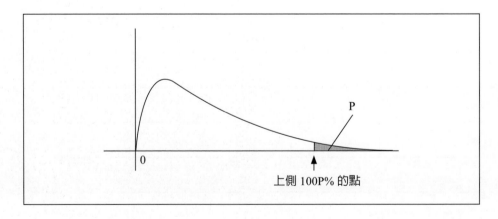

上側 100P% 的點

表 χ² 分配表

	0.2	0.1	0.05	0.02	0.01	0.001	P
1	1.6424	2.7055	3.8415	5.4119	6.6349	10.8274	
2	3.2189	4.6052	5.9915	7.8241	9.2104	13.8150	
3	4.6416	6.2514	7.8147	9.8374	11.3449	16.2660	
4	5.9886	7.7794	9.4877	11.6678	13.2767	18.4662	
5	7.2893	9.2363	11.0705	13.3882	15.0863	20.5147	
6	8.5581	10.6446	12.5916	15.0332	16.8119	22.4575	
7	9.8032	12.0170	14.0671	16.6224	18.4753	24.3213	
8	11.0301	13.3616	15.5073	18.1682	20.0902	26.1239	
9	12.2421	14.6837	16.9190	19.6790	21.6660	27.8767	
10	13.4420	15.9872	18.3070	21.1608	23.2093	29.5879	
11	14.6314	17.2750	19.6752	22.6179	24.7250	31.2635	
12	15.8120	18.5493	21.0261	24.0539	26.2170	32.9092	
13	16.9848	19.8119	22.3620	25.4715	27.6882	34.5274	
14	18.1508	21.0641	23.6848	26.8727	29.1412	36.1239	
15	19.3107	22.3071	24.9958	28.2595	30.5780	37.6978	
16	20.4651	23.5418	26.2962	29.6332	31.9999	39.2518	
17	21.6146	24.7690	27.5871	30.9950	33.4087	40.7911	
18	22.7595	25.9894	28.8693	32.3462	34.8052	42.3119	
19	23.9004	27.2036	30.1435	33.6874	36.1908	43.8194	
20	25.0375	28.4120	31.4104	35.0196	37.5663	45.3142	

自由度　　　　　　　　　　　　　↑
　　　　　　　　　　　　　　95%点

註解

χ²分配被用在變異數的檢定

　　χ² 分配之所以有名，是因為可用在母體的變異數的估計與檢定上。事實上，從服從變異數 σ^2 的常態分配的母體抽取樣本，所得到的不偏變異當作 s^2 時，統計量

$$\chi^2 = \frac{n-1}{\sigma^2}s^2$$

是服從自由度 n-1 的 χ² 分配。利用此性質，可由樣本變異數來估計母變異數或進行檢定。

附錄10　最大概似估計法與適合度函數

本章為了簡單化起見，參數的估計是利用最小平方法。此乃是針對變異數與共變異數，建立實際之值與理論論之差的平方和，使其和為最小來決定參數之值。

可是，結構方程模式分析一般是利用最大概似估計法。此與最小評方法相比具有以下的優點。

---

(1) 可利用適合度函數進行 χ^2 檢定（第 3 章）。

(2) 具有尺度不變性。

上述 (2) 的尺度不變性，對單位的變換來說，潛在變數的關係不受到本質的影響。並且，路徑的係數也可簡單地相互變換。譬如，未標準化解與標準化解可以簡單地相互變換。

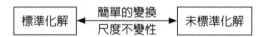

但是，最大概似估計法也有缺點。譬如，

---

(1) 實質上要假定常態分配。

(2) 計算麻煩。

可是，(1) 許多時候是近似被允許的假定，(2) 在電腦的普及下可以克服。因此，這些缺點許多時候並不成為問題。於是，足夠彌補這些的是最大概似估計法。

那麼，試調查最大概似估計法的內容吧。如已述，利用最大概似估計法時，要假定常態分配。此時，變數 x、y 的分配函數 f(x, y) 如下加以表現。

$$f(x, y) = \frac{1}{2\pi\sqrt{|\Sigma|}} e^{-\frac{1}{2}(x-\mu)'\Sigma^{-1}(x-\mu)} \qquad ①$$

此處 $|\Sigma|$ 是以下的變異・共變異矩陣 Σ 的行列式。

$$\Sigma = \begin{bmatrix} \sigma_x^2 & \sigma_{xy} \\ \sigma_{xy} & \sigma_y^2 \end{bmatrix}$$

Σ^{-1} 是此矩陣 Σ 的逆矩陣。

此變異・共變異矩陣 Σ 是對母體成立的。因此，此處是利用從模式所求出者。亦即，以包含參數的矩陣加以表示（第 3 章）。

另外，在①的指數中的 $(\mathbf{x} - \boldsymbol{\mu})$ 是將各變數的偏差當作成分的向量，亦即，

$$(\mathbf{x} - \boldsymbol{\mu}) = (x - \mu_x, y - \mu_y)$$

此處，μ_x、μ_y 是表示變數 x、y 的平均。而且，$(\mathbf{x} - \boldsymbol{\mu})'$ 是表示此向量的轉置向量（行向量）。亦即

$$(\mathbf{x} - \boldsymbol{\mu})' = \begin{bmatrix} x - \mu_x \\ y - \mu_y \end{bmatrix}$$

當資料包含 n 個數據時（樣本的大小為 n 時），該資料的實現機率成為①的乘積。亦即，

$$P = \left(\frac{1}{2\pi\sqrt{|\Sigma|}} \right)^n e^{-\frac{1}{2}(x_1-\mu)'\Sigma^{-1}(x_1-\mu)-\frac{1}{2}(x_2-\mu)'\Sigma^{-1}(x_2-\mu)-\cdots-\frac{1}{2}(x_n-\mu)'\Sigma^{-1}(x_n-\mu)} \qquad ②$$

此處，$(\mathbf{x}_i - \boldsymbol{\mu})$ 具有以下的意義。

$$(\mathbf{x}_i - \boldsymbol{\mu}) = (x_i - \mu_x, y_i - \mu_y)$$

x_i、y_i 是表示資料 x、y 的第 i 個數據所具有之變數值。

假定常態分配時之最大概似估計法，是使此②成為最大之下來決定參數。①、②的平均值，可用資料的平均值來替換。

$$\mu_x = \overline{x} \, , \mu_y = \overline{y}$$

另外，取 P 的自然對數時，

$$\log P = -\frac{1}{2}(x_1 - \mu)'\Sigma^{-1}(x_1 - \mu) - \frac{1}{2}(x_2 - \mu)'\Sigma^{-1}(x_2 - \mu) + \cdots$$
$$-\frac{1}{2}(x_n - \mu)'\Sigma^{-1}(x_n - \mu) - \frac{n}{2}\log|\Sigma| + 常數$$

使此值最大來求參數即為目的。

但是，計算時，最小值比最大值較容易求，因之將此 log p 乘上負數再利用是一般的作法。亦即，

$$-\log P = \frac{1}{2}(x_1 - \mu)'\Sigma^{-1}(x_1 - \mu) + \frac{1}{2}(x_2 - \mu)'\Sigma^{-1}(x_2 - \mu) + \cdots$$
$$+\frac{1}{2}(x_n - \mu)'\Sigma^{-1}(x_n - \mu) + \frac{n}{2}\log|\Sigma| + 常數$$

如此一來，把最大化問題變成最小化問題。

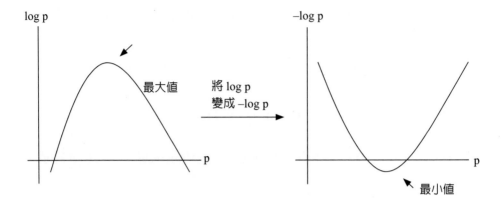

將 X 當作列向量，A 當作方陣時利用下列公式

$$X'AX = tr(AXX')$$

$$-\log P = \frac{1}{2}tr\sum^{-1}(x_1 - \mu)(x_1 - \mu)' + \frac{1}{2}tr\sum^{-1}(x_2 - \mu)(x_2 - \mu)' + \cdots$$

$$+ \frac{1}{2}tr\sum^{-1}(x_n - \mu)(x_n - \mu)' + \frac{n}{2}\log|\Sigma| + 常數$$

並且，A、B 視爲方陣時，利用以下公式

$$tr(A) + tr(B) = tr(A + B)$$

忽略與最大、最小無關的常數項

$$-\log P = \frac{1}{2}tr\sum^{-1}\{ (x_1 - \mu)(x_1 - \mu)' + (x_2 - \mu)(x_2 - \mu)' + \cdots$$

$$+ (x_n - \mu)(x_n - \mu)' \} + \frac{n}{2}\log|\Sigma|$$

$$= \frac{n}{2}tr\sum^{-1}\frac{1}{n}\{ (x_1 - \mu)(x_1 - \mu)' + (x_2 - \mu)(x_2 - \mu)' + \cdots$$

$$+ (x_n - \mu)(x_n - \mu)' \} + \frac{n}{2}\log|\Sigma|$$

$$= \frac{n}{2}tr\sum^{-1}S + \frac{n}{2}\log|\Sigma| \qquad ③$$

此處令

$$S = \frac{1}{n}\{ (x_1 - \mu)(x_1 - \mu)' + (x_2 - \mu)(x_2 - \mu)' + \cdots$$

$$+ (x_n - \mu)(x_n - \mu)' \}$$

此 S 成爲變異數 · 共變異數矩陣。

$$S = \begin{bmatrix} s_x^2 & s_{xy} \\ s_{xy} & s_y^2 \end{bmatrix}$$

s_x^2，s_{xy} 等是由資料所得到的實測值的變異數、共變異數，於③式中，利用以下的關係，

$$\Sigma\Sigma^{-1} = E \text{，立即 } |\Sigma| \, |\Sigma^{-1}| = 1$$

將此代入③式，

$$-\log P = \frac{n}{2}\operatorname{tr}\Sigma^{-1}S - \frac{n}{2}\log\left|\Sigma^{-1}\right| \tag{④}$$

式子慢慢變得美觀，考慮④的最小化時，n/2 不會造成問題，固省略，另外為了進行 χ^2 檢定，減去與最小問題無關的補正項 $\log|S| + k$（k 是變數的個數，目前是 2），可以得出以下之值 f_{ML}。

$$f_{ML} = \operatorname{tr}\Sigma^{-1}S - \log\left|\Sigma^{-1}\right| - \log S - k \tag{⑤}$$

終於得出結論的式子。使此⑤式最小以決定參數，即為最大概似估計法。

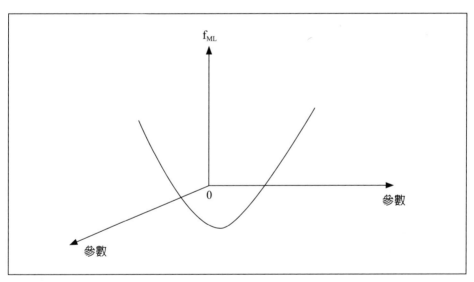

圖　使 f_{ML} 最小即為最大概似估計法

目前是針對 2 變數的情形導出⑤式，但這對一般性而言也是成立的。以矩陣表示的⑤式，不管變數變成多少形狀也不變。

⑤式稱為最大概似估計法的目的函數或誤差函數或適合度函數等，有各種的稱呼法。閱讀文獻時請注意。

附錄11　Amos（免費學生版）的安裝法

以結構方程模式分析的專用軟體來說，最有名且最容易使用的是 Amos。如利用此 Amos 時，只是畫路徑圖即可自動執行計算。

Amos 的價格甚高，但是卻發行有適合學生所使用的教育版。本書所探討的變數個數，此教育版是足夠的。

這可從以下的網頁去下載。

http://www.smallwaters.com/amos/student.html

安裝後，桌面下會顯示「Amos Graphics」的圖線。

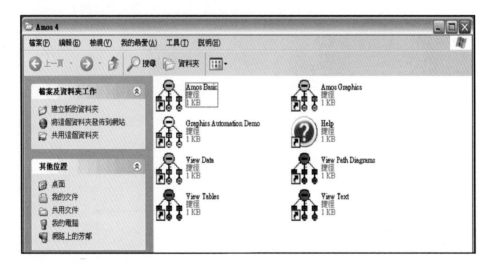

打開此圖像，依照畫面所表示的指示時，即可簡單執行。

Amos 有各種的用法，本書利用的是「Amos Graphics」的程式。只要點選此圖像是即可執行分析。

打開此圖像，即可利用 Amos。

Note

_____

_____

_____

_____

_____

_____

_____

_____

_____

_____

_____

_____

_____

_____

_____

_____

_____

附錄12　Amos的用法

　　試調查所取得的 Amos（學生版）的利用方法。下圖是打開已安裝好之 Amos 圖像（Amos Graphis）時所顯示的視窗。

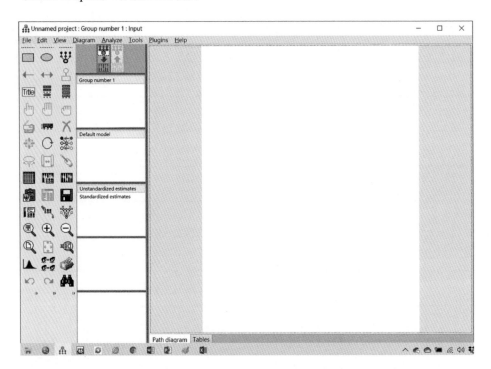

　　於右側的空白方框中繪製路徑圖，如輸入初期值時，依據它，Amos 即可替我們執行計算。

　　繪製路徑圖時，最好利用下頁的工具盒，利用工具盒之中的圖線，即可簡單繪製路徑圖。

　　此處試調查本書所利用的工具之意義。工具的意義已填入下頁的圖中，請參考。

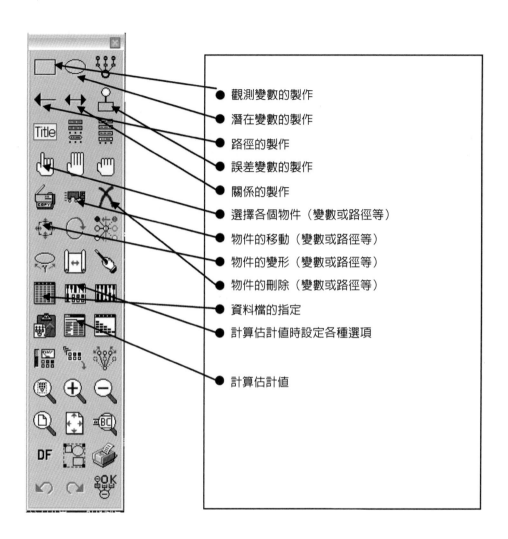

● 觀測變數的製作
● 潛在變數的製作
● 路徑的製作
● 誤差變數的製作
● 關係的製作
● 選擇各個物件（變數或路徑等）
● 物件的移動（變數或路徑等）
● 物件的變形（變數或路徑等）
● 物件的刪除（變數或路徑等）
● 資料檔的指定
● 計算估計值時設定各種選項

● 計算估計值

註解

其他工具的用法

　　此處未解說的工具，也會在使用之中即可慢慢了解其意義。此處只解說最少的工具。

　　又，即使未記住工具的用法，將物件按右鍵時，即可出現相對應的清單（下頁圖）。利用此處也是可以的。

　　如完成路徑圖時，必須輸入變數名或路徑係數的初期值。因之，選擇想輸入的物件，按右鍵。譬如，下圖是將成為外生變數的潛在變數按右鍵時所顯示的清單。

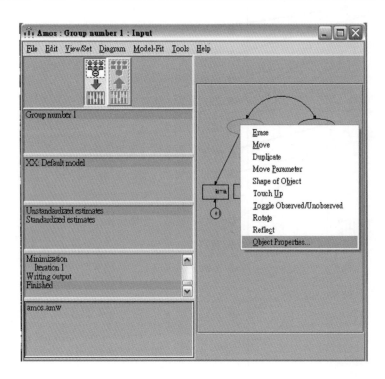

　　此處如選擇「物件的性質」時，出現下圖的對話框，即可輸入目的的變數名與數值。

「文字（Text）」標籤　　　　　　　　　　「參數（Parameter）」標籤

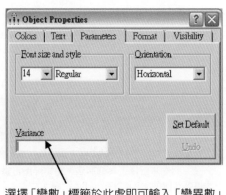

選擇「文字」標籤於此處即可輸入變數名　　選擇「變數」標籤於此處即可輸入「變異數」

　　如利用以上的工具或清單時，也可簡單修正所製作的路徑圖。即使是計算上失敗的模式，也可立即修正再重新計算。

備註

LISREL（學生版）也可從網路下載

　　其他有名的結構方程模式分析的軟體，也可從網路取得。雖然註記有「學生版」或「試用版」，但本書所探討的資料仍是足夠解析的。譬如，對於 LISREL，可從以下的網頁下載。
http://www.ssicentral.com/other/entry.htm

附錄13　Amos的輸出看法

此處試調查 Amos 的計算結果的看法。

首先，利用附錄 12 所提供的工具去繪製路徑圖。接著，為了解決識別性問題，可如下圖適宜地設定初期值。

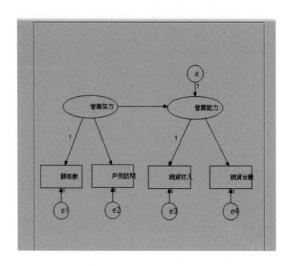

準備就緒之後，即可開始計算估計值。此也可以利用工具列的按鈕，也可選擇「模式適合度」清單中的「估計值的計算」。

如所輸入的路徑圖已能判別識別性問題時，如下圖即可顯示所估計參數之結果，像外生變數的變異數、路徑係數等。

● 按此處
● 正常結束
　的訊息

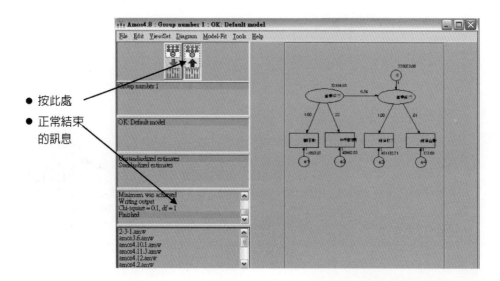

　　請注意左邊下方出現的「達到最小值」的訊息。此意指誤差函數的最小化已成功。
如果最適化失敗時（亦即，未能識別時），此處就會有錯誤的訊息。
　　路徑係數等所表示的數值均列到小數第 2 位。如想知道更詳細的資訊時，可選擇
「顯示」清單的「正文輸出顯示」或「表格輸出顯示」。

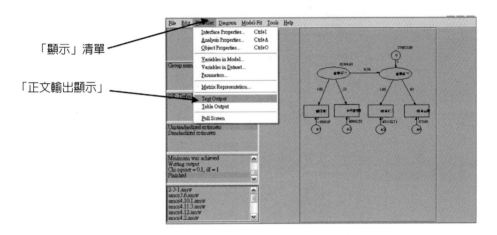

　　下面是選擇「表格輸出顯示」之畫面。由於計算結果按各分類整理表示，非常方便
觀察（下圖顯示路徑係數與統計上的評價）。

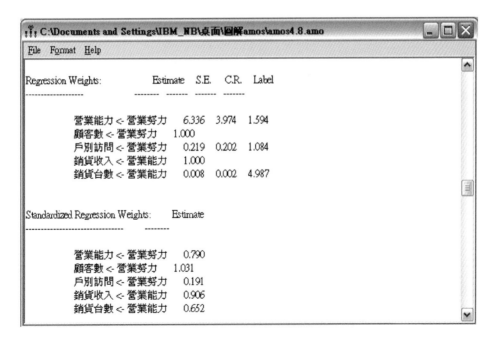

下圖顯示模式評價的部分。此處的內容也是非常重要的。

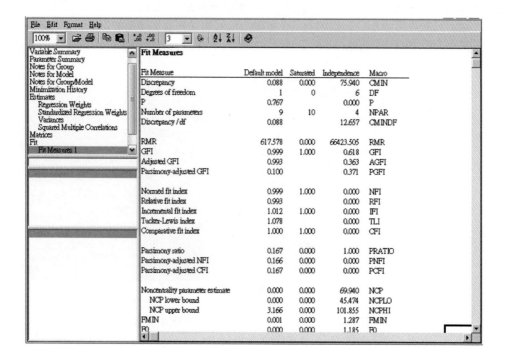

Fit Measure	Default model	Saturated	Independence	Macro
Discrepancy	0.088	0.000	75.940	CMIN
Degrees of freedom	1	0	6	DF
P	0.767		0.000	P
Number of parameters	9	10	4	NPAR
Discrepancy / df	0.088		12.657	CMINDF
RMR	617.578	0.000	66423.505	RMR
GFI	0.999	1.000	0.618	GFI
Adjusted GFI	0.993		0.363	AGFI
Parsimony-adjusted GFI	0.100		0.371	PGFI
Normed fit index	0.999	1.000	0.000	NFI
Relative fit index	0.993		0.000	RFI
Incremental fit index	1.012	1.000	0.000	IFI
Tucker-Lewis index	1.078		0.000	TLI
Comparative fit index	1.000	1.000	0.000	CFI
Parsimony ratio	0.167	0.000	1.000	PRATIO
Parsimony-adjusted NFI	0.166	0.000	0.000	PNFI
Parsimony-adjusted CFI	0.167	0.000	0.000	PCFI
Noncentrality parameter estimate	0.000	0.000	69.940	NCP
NCP lower bound	0.000	0.000	45.474	NCPLO
NCP upper bound	3.166	0.000	101.855	NCPHI
FMIN	0.001	0.000	1.287	FMIN
F0	0.000	0.000	1.185	F0

Note

附錄14　Amos中多群體的同時分析

第4章調查了「多群體的同時分析」。試調查利用 Amos 的計算方法。要進行此同時分析，首先按兩下視窗在框上部分的組別「Group number」。

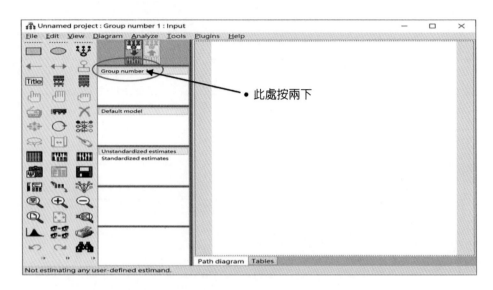

因出現如下圖的對話窗，因之適當地變更組名。

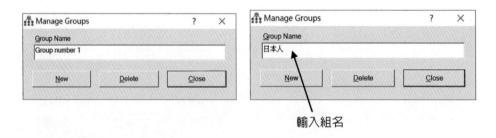

只對想分析資料的組數，進行以上的操作。

下頁上圖是將第5章所調查之「多母體的同時分析」的2組資料（日本人與中國人）的組名設定完成時，在視窗中所顯示的圖形。

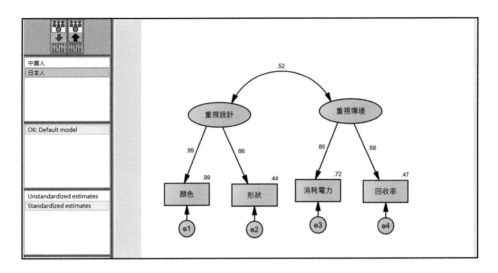

　其次，按組名分配數據。此可利用「檔案」清單的「資料檔的設定」，由於出現如下圖的對話框，因之於此處設定 2 組資料。

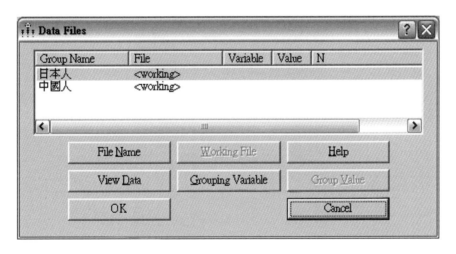

　如此圖，選擇組名，按一下「檔案名」按鈕，在已打開的對話框中指定資料檔，將資料按組名分配。下圖是顯示其結果。

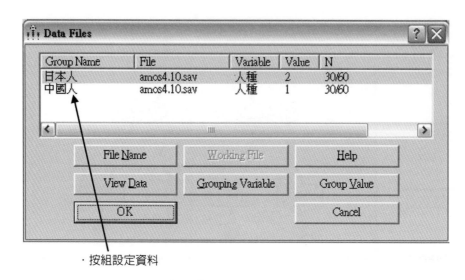

· 按組設定資料

　　特別是以某變數為線索，將同一表中的資料分成 2 組來利用時，可利用此對話框之中的「組化變數」按鈕，於是出現下圖。

　　此處，如選擇成為線索的變數（組化變數）時，即可利用該變數將同一表中分類成

數個資料。

又，在前頁下方的對話框，按一下「組值（grouping variable）」，該變數的具體編號即可指定。

要切換兩組資料，可如下圖，按一下 Amos 左框的組名，再選擇。

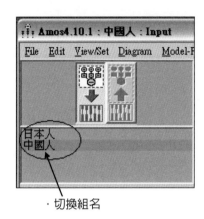

· 切換組名

附錄15　第3章所利用的測試資料

此處所記載的是第 3 章所使用的資料（data_appendex15.xls）。

社交性	勤勉性	企畫力	判斷力	薪資評價
1	7	6	7	8
2	4	5	5	4
3	6	8	4	4
4	5	5	5	5
5	6	6	4	5
6	6	5	6	6
7	4	4	6	6
8	4	6	6	6
9	4	5	5	6
10	6	6	4	4
11	5	5	5	4
12	6	5	5	5
13	5	6	5	4
14	5	5	5	5
15	6	5	5	6
16	5	6	5	5
17	5	5	6	5
18	3	4	6	5
19	5	6	5	5
20	6	6	7	6
21	3	2	2	3
22	6	8	4	4
23	5	5	5	5
24	6	6	4	5
25	6	5	6	6
26	4	3	7	6
27	4	6	6	6

社交性	勤勉性	企畫力	判斷力	薪資評價
28	4	5	5	6
29	6	6	4	4
30	6	4	5	5
31	6	6	6	6
32	4	5	4	5
33	4	4	6	6
34	6	7	5	5
35	5	5	6	6
36	4	6	6	7
37	5	7	4	4
38	5	6	5	4
39	4	3	5	5
40	4	5	5	5

附錄16　矩陣的基礎

只是精通共異變數構造分析的用法，並不太需要數學的知識。可是，想要理解它的體系時，某種程度的數學知識是需要的。特別是結構方程模式分析是探討線性模式（第3章），矩陣的表示知識是不可欠缺的。此處就是基礎的用語進行解說。

（一）矩陣

矩陣是數的排列，可如下表現：

$$A = \begin{bmatrix} 3 & 1 & 4 \\ 1 & 5 & 9 \\ 2 & 6 & 5 \end{bmatrix}$$

橫的排列稱為列，縱的排列稱為行，上列是由3列與3行所組成，故稱為3列3行的矩陣。

特別是如此例行與列是同數時稱為方陣，結構方程模式分析中利用的矩陣幾乎都是方陣。

上面的矩陣以更一般性表現如下：

$$A = \begin{bmatrix} a_{11} & a_{12} & a_{13} \\ a_{21} & a_{22} & a_{23} \\ a_{31} & a_{32} & a_{33} \end{bmatrix}$$

a_{ij} 是表示位於第 i 列第 j 行的值

第 i 列第 j 行的成分（此稱為對再成分）為1，除此之外均為0的矩陣，通常以 E 表示，稱為單位矩陣，譬如3列3行的單位矩陣即為如下：

$$E = \begin{bmatrix} 1 & 0 & 0 \\ 0 & 1 & 0 \\ 0 & 0 & 1 \end{bmatrix}$$

（二）矩陣的和與差

2個矩陣 A, B 的和 A＋B，差 A－B，定義為相同位置的成分之間的和與差。

譬如：

$$A = \begin{bmatrix} 2 & 7 \\ 1 & 8 \end{bmatrix}, \; B = \begin{bmatrix} 2 & 8 \\ 1 & 3 \end{bmatrix}$$

則

$$A + B = \begin{bmatrix} 2+2 & 7+8 \\ 1+1 & 8+3 \end{bmatrix} = \begin{bmatrix} 4 & 15 \\ 2 & 11 \end{bmatrix}$$

$$A - B = \begin{bmatrix} 2-2 & 7-8 \\ 1-1 & 8-3 \end{bmatrix} = \begin{bmatrix} 0 & -1 \\ 0 & 5 \end{bmatrix}$$

（三）矩陣的積

2 個矩陣 A，B 的積 AB 如下定義。A 之第 i 列與 B 的第 j 行對應的成分相乘再相加，即為 AB 的第 i 列第 j 行的成分。譬如：

$$A = \begin{bmatrix} 2 & 7 \\ 1 & 8 \end{bmatrix}, \; B = \begin{bmatrix} 2 & 8 \\ 1 & 3 \end{bmatrix}$$

$$A \cdot B = \begin{bmatrix} 2 \cdot 2 + 7 \cdot 1 & 2 \cdot 8 + 7 \cdot 3 \\ 1 \cdot 2 + 8 \cdot 1 & 1 \cdot 8 + 8 \cdot 3 \end{bmatrix} = \begin{bmatrix} 11 & 37 \\ 10 & 32 \end{bmatrix}$$

（四）逆矩陣

對方陣 A 即言，具有如下性質之矩陣 X，稱為 A 的逆矩陣，以 A^{-1} 表示

$$A \cdot X = X \cdot A = E$$

此處 E 為單位矩陣。

（五）跡（trace）

將方陣 A 的第 i 列第 j 行成分（亦即對角成分）相加者，稱為該矩陣的跡（trace），以如下的記號表示。

譬如，對於 $A = \begin{bmatrix} 2 & 7 \\ 1 & 8 \end{bmatrix}$ 來說，trA 即可如下求之，即

$$trA = 2 + 8 = 10$$

（六）行列式

矩陣 A 的行列是一般以記號 |A| 表示，不易寫成文章，以具體例表示如下。

（例 1） $A = \begin{bmatrix} 2 & 7 \\ 1 & 8 \end{bmatrix}$ 時，$|A| = 2 \times 8 - 7 \times 1 = 9$

（例 2） $A = \begin{bmatrix} 3 & 1 & 4 \\ 1 & 5 & 9 \\ 2 & 6 & 5 \end{bmatrix}$ 時，$|A| = 3 \times 5 \times 5 + 1 \times 9 \times 2 + 4 \times 1 \times 6 - 4 \times 5 \times 2 - 1 \times 1 \times 5$

$- 3 \times 9 \times 6 = -90$

（七）轉置矩陣

　將矩陣 A 的第 i 列第 j 行之數值，換成第 j 列第 i 行之數值後所得之矩陣稱爲矩陣 A 的轉量矩陣，本書以 A' 來表示。

（例 1） $A = \begin{bmatrix} 2 & 7 \\ 1 & 8 \end{bmatrix}$ 時，$A' = \begin{bmatrix} 2 & 1 \\ 7 & 8 \end{bmatrix}$

（例 2） $A = \begin{bmatrix} 1 \\ 2 \end{bmatrix}$ 時，$A' = [1 \ 2]$

Note

附錄17　對數計算的整理

最大概以估計法的計算，是要利用對數。此處就此對數調查看看。考察下式。

$$a^p = M \qquad (a > 0，a \neq 1，M > 0)$$

此時，p 稱為（a 當作底）M 的對數，可以如下表示：

$$p = \log_a M^{【註5】}$$

對於對數而言，以下的公式是成立的。

$$\log_a MN = \log_a M + \log_a N \qquad ①$$

$$\log_a M^x = x \log_a M \qquad ②$$

以底 a 來說，數學上經常利用自然對數 e，e 稱為 Napier 數，此值為

$$e = \lim_{v \to \infty} \left(1 + \frac{1}{v} \right)^v = \sum_{v=0}^{\infty} \frac{1}{v!} = 2.71828\cdots$$

有時省略底的記述，亦即

$$\log_e x = \log x \qquad ③$$

利用自然對數時，數學的公式變得簡單有此優點。因此，在數學上探討對數時，一般是利用自然對數。【註6】

譬如，利用以上的公式①～③即可如下變形。

$$\log A e^{x+y} = \log A + \log e^{x+y}$$
$$= \log A + (x + y)$$

此式變形可用於最適化函數向的導出（附錄 10）。

【註5】　p 也稱為 a 的指數。

【註6】　底為 10 的對數稱為常用對數。

參考文獻

1. 涌井良幸、涌井貞美著，「共變異數構造分析」，日本實業出版社，2003。
2. 南風原朝和著，「心理統計學的基礎」，有斐閣，1995。
3. 豐田秀樹著，「利用 SAS 的共變異數構造分析」，東京大學出版社，1992。
4. 豐田秀樹著，「探討原因的統計學」，講談社，1995。
5. 山本嘉一郎著，「利用 Amos 的共變異數構造分析與解析事例」，Nakashiya 出版，1999。
6. 豐田秀樹著，「共變異數構造分析──入門篇」，朝倉書店，1998。
7. 豐田秀樹著，「共變異數構造分析──應用篇」，朝倉書店，2000。
8. 豐田秀樹著，「共變異數構造分析──事例篇」，朝倉書店，2002。
9. 田新井明美著，「共變異數構造分析 Amos 使用手冊」，鼎茂圖書公司，2004。
10. 石村貞夫著，「多變異分析 spss 使用手冊」，鼎茂圖書公司，2004。
11. 豐田秀樹著，「共變異數構造分析入門」，鼎茂圖書公司，2004。

Note

國家圖書館出版品預行編目資料

圖解結構方程模式分析／陳耀茂著. －－初
版. －－臺北市：五南, 2020.07
　　面；　公分
　ISBN 978-986-522-047-1（平裝）

1.統計套裝軟體　2.統計分析

512.4　　　　　　　　　　109007502

5BA9

圖解結構方程模式分析

作　　　者 ― 陳耀茂（270）

發 行 人 ― 楊榮川

總 經 理 ― 楊士清

總 編 輯 ― 楊秀麗

主　　編 ― 王正華

責任編輯 ― 金明芬

封面設計 ― 王麗娟

出 版 者 ― 五南圖書出版股份有限公司

地　　　址：106台北市大安區和平東路二段339號4樓

電　　　話：(02)2705-5066　　傳　　真：(02)2706-6100

網　　　址：http://www.wunan.com.tw

電子郵件：wunan@wunan.com.tw

劃撥帳號：01068953

戶　　　名：五南圖書出版股份有限公司

法律顧問　林勝安律師事務所　林勝安律師

出版日期　2020年7月初版一刷

定　　　價　新臺幣420元

經典永恆・名著常在

五十週年的獻禮——經典名著文庫

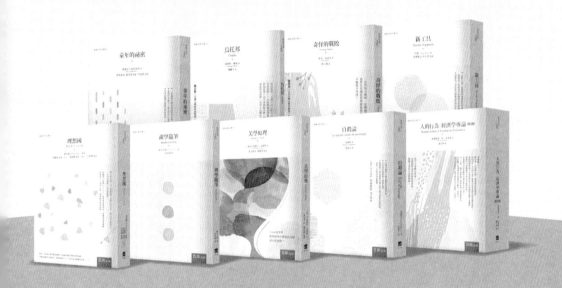

五南，五十年了，半個世紀，人生旅程的一大半，走過來了。

思索著，邁向百年的未來歷程，能為知識界、文化學術界作些什麼？

在速食文化的生態下，有什麼值得讓人雋永品味的？

歷代經典・當今名著，經過時間的洗禮，千錘百鍊，流傳至今，光芒耀人；

不僅使我們能領悟前人的智慧，同時也增深加廣我們思考的深度與視野。

我們決心投入巨資，有計畫的系統梳選，成立「經典名著文庫」，

希望收入古今中外思想性的、充滿睿智與獨見的經典、名著。

這是一項理想性的、永續性的巨大出版工程。

不在意讀者的眾寡，只考慮它的學術價值，力求完整展現先哲思想的軌跡；

為知識界開啟一片智慧之窗，營造一座百花綻放的世界文明公園，

任君遨遊、取菁吸蜜、嘉惠學子！